Thorsten Paprotny

Kurze Geschichte der mittelalterlichen Philosophie

HERDER spektrum
Band 5777

Das Buch

„Unruhig ist unser Herz, bis es ruht in dir, o Gott.“ Mit Augustinus endet die antike Philosophie, und das Denken des Mittelalters beginnt. Eine Philosophie erwächst, in deren Zentrum die Versöhnung von Rationalität und Glauben steht. Wie lassen sich Religion und Philosophie vereinbaren? Gnostische Strömungen begegnen uns auf unserem Gang durch die Philosophie des Mittelalters, die Lehren der Kirchenväter werden berührt, und Anselm von Canterbury stellt sich der Frage, ob sich die Existenz Gottes beweisen lässt. Durch ihre arabische und jüdische Rezeption erhält die aristotelische Philosophie neues Leben. Scholastiker wie Albert der Große, Thomas von Aquin und Bonaventura versuchen die Gewissheit des Glaubens mit den Zweifeln des Verstandes zu vereinen. Und mit Hildegard von Bingen, Meister Eckhart und vielen anderen lernen wir die Tiefe mittelalterlicher Mystik kennen. Nicht zuletzt die Lebensgeschichten der mittelalterlichen Denker und die Verwobenheit mit ihrem Philosophieren garantieren eine unterhaltsame Lektüre und die Anregung, das Gedankengebäude des Mittelalters als lebendige Tradition wahrzunehmen, die bis in unsere Zeit hinein reicht.

Der Autor

Thorsten Paprotny, Dr. phil., lehrt Philosophie an der Universität Hannover. Zahlreiche Veröffentlichungen. Bei Herder Spektrum: Kurze Geschichte der antiken Philosophie (Herder Spektrum 5286), Kurze Geschichte der Philosophie der Aufklärung (Herder Spektrum 5557).

Thorsten Paprotny

Kurze Geschichte der mittelalterlichen Philosophie

HERDER

FREIBURG · BASEL · WIEN

Gedruckt auf umweltfreundlichem,
chlorfrei gebleichtem Papier

Originalausgabe

www.herder.de
Satz: Rudolf Kempf, Emmendingen
Druck und Bindung: fgb · freiburger graphische betriebe 2007
www.fgb.de
Umschlaggestaltung und Konzeption:
R·M·E München, Roland Eschlbeck, Liana Tuchel
Umschlagmotiv: © Corbis
ISBN 978-3-451-05777-9

Inhalt

I. Der Anfang einer neuen Zeit 7
Gnosis und Patristik 9
Augustinus 14
Grundzüge des Denkens von Augustinus 22
Das Problem der Zeit 29
Trinität 33
Erbsünde 36
Größe und Grenzen des Augustinus 39
Boethius 42
Der Weg der Seele zu Gott 43
Pseudo-Dionysius Areopagita 47
Johannes Eriugena 52

II. Philosophie und Theologie in der Zeit vom 8. bis zum 12. Jahrhundert 55
Von Al-Farabi bis Averroes 56
Jüdische Philosophie 63
Anselm von Canterbury 66
Philosophieren mit Anselm 70
Was ist Wahrheit? 74
Der Gottesbeweis 76
Petrus Abaelard 82
Hildegard von Bingen 88

III. Das Zeitalter der Hochscholastik 101
Albert der Große 102

Philosophische und theologische Erkenntnis 112
Thomas von Aquin 116
Leben und Werk 117
Studium und Methode 121
Menschliches Denken zwischen Subjektivität und Objektivität 127
Die Wirklichkeit der Substanz 131
Über Schönheit 133
Vernunft und Glaube 135
Bonaventura 139

IV. Der Ausklang der mittelalterlichen Philosophie . . 146
Johannes Duns Scotus 146
Roger Bacon 150
Wilhelm von Ockham 154
Mystik 160
Nikolaus von Kues 174

Literaturverzeichnis 182

I. Der Anfang einer neuen Zeit

Die Zeitenwende vollzog sich unspektakulär und nahezu unbemerkt. Die Geburt Jesu in einer abgelegenen Provinz blieb in Rom ohne jede Beachtung. Im Römischen Reich herrschte Kaiser Augustus. Der Adoptivsohn Caesars hatte den Bürgerkrieg für sich entschieden und den Prinzipat begründet. Mit den Namen Vergil, Horaz und Ovid verbindet sich noch heute die Blütezeit römischer Dichtung. Große Denker brachte das Imperium nur wenige hervor. Die Akademien der attischen Welt bestanden ohne sonderlich prägende Kraft für die römische Geisteswelt fort. Sie waren solide Ausbildungsstätten für Patriziersöhne. Die geistesgeschichtliche Hauptströmung im Römischen Reich war die Stoa. Sie erreichte im ersten Jahrhundert nach Christus mit Seneca, dem Erzieher Neros, ihren Höhepunkt und Abschluss. Nach ihm folgten noch Denker wie Epiktet, dessen Philosophie jegliche Systematik vermissen ließ und wenig mehr als lebenspraktische Anweisungen enthielt, die man beherzigen oder ignorieren konnte. Der philosophierende Kaiser Marc Aurel verfasste „Selbstbetrachtungen". Er schrieb für sich selbst, nicht für seine Zeitgenossen. Als Kaiser Justinian die Akademie Platons schließen lässt, besiegelt dies nur den Niedergang des philosophischen Denkens, an dessen vorläufigem Ende der christliche Glaube so schuldlos war wie am Zerfall des Imperiums. Im alten Rom hatte die klassische Philosophie an Einfluss eingebüßt. Schon der Stoiker Seneca beklagte zur Zeit des Kaisers Nero die zunehmende Dekadenz der Patrizier, geißelte die orgiastischen Vergnügungen, die Zirkusspiele und forderte eine ethische Neubesinnung des Individuums, das auf der Suche nach Glück und einem erfüllten Dasein war – und empfahl den Weg der Philosophie, damit ein jeder Mensch vernunftgemäß sein Leben gestalten konnte.

Jesus Christus und die Apostel lehrten als Wanderprediger eine radikale Botschaft. Nicht im Kosmos, nicht auf dieser Welt war der Mensch wirklich heimisch. Der Blick wurde auf das einstmals verlorene Paradies gerichtet. Durch die Erlösungstat Christi konnten die Gläubigen nach dem Tod die Vollendung ihres Daseins in der ewigen Anschauung Gottes erfahren. Wissenschaft zu treiben, war in Erwartung der bevorstehenden Apokalypse sinnlos. Der Mensch sollte den Willen Gottes erfüllen. Das Liebesgebot Jesu war etwas grundsätzlich Neues für die römische Welt. Die ersten Christen benötigten keinerlei philosophische Grundlage. Ihre Lehre war für jedermann verständlich. Jesus hatte zu Hirten, Kaufleuten und Fischern gesprochen, zu Dirnen und einfachen Soldaten – und nicht philosophische Einsicht erwecken wollen, sondern die Erlösung von allem Bösen und von der Sünde gepredigt. Irdische Seligkeit bleibt unerreichbar. Wer ihm folgte, wer zu einem Christgläubigen wurde, der musste nicht vernünftig erkennen, sondern in Demut seine Sünden eingestehen, sich selbst verleugnen und einzig Gott vertrauen, nicht der eigenen Vernunft. Bekehrung und Bekenntnis lösen Erklärung und Einsicht ab. Wer sich zum Christentum bekehrte, sollte die Botschaft Jesu in alle Welt hinaus tragen. Die Römer kannten weder ein Sündenbewusstsein noch einen transmundanen Gott. Philosophisch wussten sie den durchaus klugen und beherzigenswerten ethischen Maßstäben des Christentums, die mit stoischem Denken in vielem übereinstimmten, wenig entgegenzusetzen. Dezidiert ablehnend äußert sich der Apostel Paulus im Kolosserbrief gegen die Philosophie: „Gebt acht, dass euch niemand mit seiner Philosophie und falschen Lehre verführt, die sich nur auf menschliche Überlieferung stützen und sich auf die Elementarmächte der Welt, nicht auf Christus berufen."

Gnosis und Patristik

Zu dieser Zeit war eine von Christen geduldete oder gar inspirierte Philosophie nicht vorstellbar und auch nicht notwendig. Dennoch trägt schon das vermutlich am Anfang des zweiten nachchristlichen Jahrhunderts entstandene Johannesevangelium deutlich philosophische Züge. Jesus Christus wird als Fleisch gewordener „Logos" aufgefasst, als „Wort Gottes", das sich an die sündigen Menschen richtet, als der menschgewordene Gott, der die Herrlichkeit des Vaters in der Welt offenbart. Der Geist des Christentums stand der römischen Geisteswelt schroff entgegen. Im Römischen Reich begann ein neuer Glaube wirksam zu werden, der nicht Selbstbehauptung und Einssein mit der Vernunft lehrte, sondern Mitgefühl, Barmherzigkeit und die nachgerade widervernünftige Lehre der Endzeit, eines in Kürze zu erwartenden Weltgerichts und eines richtenden Schöpfergottes beinhaltete. Das Römische Reich war marode, aber statt apokalyptischer Reiter nahten allein die Völker aus Nord- und Osteuropa, die die Einheit des Imperiums bedrohten. Die Parusie, die Wiederkunft Christi, und die prognostizierte Apokalypse blieben aus. Auf die Apostel folgten Apologeten. Die Glaubenslehre musste neu begründet und gerechtfertigt werden.

Das christliche Denken jener Zeit erreichte nicht einmal das nur sehr bedingt anspruchsvolle Reflexionsniveau der römischen Philosophie, vermittelte aber durchaus neue Gedanken. Das Individuum rückt verstärkt in den Mittelpunkt des Erkenntnisinteresses – zwar nicht die Entwicklung und Bildung des Menschen in der Zeit, wohl aber das Heil der Seele. Dies hatte antike Denker nicht bekümmert. Auch die Frage der Freiheit des menschlichen Willens wird berührt. Moralische Entscheidungen zwischen Gut und Böse müssen getroffen werden. Der Mensch steht vor dem existenziell gravierenden Problem, sich für ein Leben nach den Geboten Gottes, die freilich außerhalb jedes Diskurses stehen und die dieser auch nicht begründen muss, oder für das Stadium der Sünde und drohenden Verdammnis zu entscheiden. Das ewige Leben erlangt der Mensch kraft der Gnade des transmundanen Gottes. Auch die Geschichtsphilosophie, mit ihr verbunden die lineare Zeitvorstellung, ist grundlegend neu. In der griechischen und römischen Antike hatte man weder einen Ursprung und Anfang noch ein Ende der Zeit gekannt. Christliche Philosophie zeigt einen Weg der Erlösung auf und verweist auf ein immanentes Ziel der Geschichte, die mit der Schöpfung begonnen hat und in das Jüngste Gericht mündet. So wie spätere säkulare Heilslehren blieben auch die Prognosen der Christen in ihrer immanenten dialektischen Logik spekulativer Metaphysik für sich genommen systematisch notwendig, aber die vorausgesagten Ereignisse traten einfach nicht ein. Die Wiederkehr Christi blieb aus, das Jüngste Gericht war nicht mehr als eine Phantasmagorie.

In gleicher Weise bot die spätantike Gnosis einen sichtbaren Kontrast zur Lebensanschauung des alten Rom. Zwar lehrten auch Stoiker asketische Ideale, indessen aber nicht die rigorose Entsagung von allen Genüssen und Begierden. Im Blick auf den Frieden der Seele sollten diese gezügelt und geordnet, jedoch nicht aufgehoben werden. Die orgiastischen Exzesse einer dekadenten Gesellschaft wurden von römischen Philosophen zwar vehement kritisiert, aber nicht dämonisiert. Der Gnostiker beurteilt die Materie als böse. Die Seele entstammt dem geistigen Bereich. Sie will sich von der stofflichen Welt befreien. Die dazu gehörige Lehre, die Gnosis, beruht auf einer theosophischen Einsicht. In der mystischen Schau wird eine höhere Wahrheit spirituell vergegenwärtigt. Die gegenständliche Welt büßt jede Bedeutung ein. Der strenge Dualismus der Gnostiker trennt das Reich des Lichtes vom Reich der Finsternis. Die Materie ist nichtig. Ein Mensch, der der Erde treu ist, begreift nichts von dieser Erlösungslehre, die in der christlichen Gnosis Christus als Lichtbringer ansieht. Dessen messianischer Tat wird das Vermögen zugesprochen, die menschliche Seele zum Göttlichen aufsteigen zu lassen oder sie gar zu vergöttlichen, sie auf jeden Fall aus den Niederungen des Seins zu lösen. Das Bedürfnis nach der Einheit der Wirklichkeit ist nach wie vor manifest, aber eine Rückkehr zum mythischen Denken bleibt unmöglich. Die Spekulationen der Gnostiker, die oft in sich problematisch und verstiegen anmuten, dienen auch dazu, das schlichte, vernünftige Denken zu entwerten, da dies der Welt verhaftet sei und höherer Einsichten entbehre.

Wer der Kirche widerstrebt, spürt den belehrenden, bekehrenden Einfluss der hierarchisch gegliederten Ordnungsmacht, die in der Zeit der frühen Christen noch wesentlich kollegial geführt wurde. Die Institutionalisierung des Christentums bekräftigte und festigte den geistigen Führungsanspruch, zumal sich die kulturelle Welt griechisch-römischer Prägung in Auflösung befand und die politische Einheit des Römischen Reiches längst aufgegeben war. Die Kirche hatte auf Konzilen die grundlegenden dogmatischen Glaubenssätze fixiert. Wer diesen nicht folgte, aus spirituellen, politischen oder philosophischen Gründen, mochte er sich auch noch so sehr zur Sache Jesu bekennen, wurde als Häretiker ausgeschlossen und mitunter verfolgt. Die Apostel Petrus und Paulus waren, wie viele andere der ersten Christen, auf brutale Weise im alten Rom zu Tode gekommen. Nachfolgende Generationen betrieben ihr Christsein unter umgekehrten Vorzeichen. Aus der einstmals verfolgten Kirche war im vierten Jahrhundert bereits eine verfolgende Kirche geworden.

Die Freiheit theologischen und philosophischen Denkens wurde zunehmend eingeschränkt. Die Unterwerfung unter das Dogma, nicht der je persönliche Akt des Glaubens, galt als unabdingbare Voraussetzung der Seligkeit. Immer stärker wurde die Philosophie in ihre Schranken verwiesen. Geistigen Widerstand leisteten nur wenige. Origines, der von etwa 185 bis 255 lebte, praktizierte eine neue Form der Schriftauslegung. Neben der Möglichkeit, die Bibel wortwörtlich zu verstehen, warb er für die allegorische Deutung, die Jesus Christus als den Fleisch gewordenen „Logos" auffasst. Auch Origines versuchte, der Kirche treu zu dienen, anerkannte die Lehre der Apostel sowie das Neue Testament als Richtschnur und predigte die Ausrichtung auf Christus. Indessen erkannte Origines die argumentativen Lücken der Bibel. Es war seines Erachtens durchaus zulässig, ja sogar geboten, mit Fragen an die Evangelien heranzutreten und im Geist Jesu Christi auf spekulative Weise eigenständig Antworten zu versuchen. Dies blieb freilich den besonders Einsichtigen vorbehalten. Origines stieß auf lebhaften Widerspruch. Im sechsten Jahrhundert wurde er auf dem ökumenischen Konzil von Konstantinopel zum Häretiker erklärt.

Parallel zur Gnosis, die schließlich auch Augustinus beeinflusste und deren dualistische Weltsicht bis weit über das Mittelalter hinaus wirkte, lehren die Bischöfe der christlichen Kirche, die später als „Kirchenväter" firmieren. Zu ihnen zählen im vierten Jahrhundert Basilius von Cäsarea, der Mitbegründer des Mönchtums, Gregor von Nazianz, ein berühmter Prediger, und Gregor von Nyssa. Sie alle waren von Origines und dem Neuplatonismus beeinflusst, suchten in apologetischer Absicht das Christentum geistig zu befestigen und zu verbreiten, teilten sich über die menschliche Seele mit, über ihre Verstrickungen ins Böse und ihre Gefährdungen, zeigten aber auch Wege für eine Orientierung in dieser Welt auf. Gregor von Nyssa sieht die Situation des Menschen als nicht gänzlich aussichtslos an und schreibt: „Wer sein Herz von aller Schlechtigkeit und Aufregung befreit, der sieht in der eigenen Schönheit das Abbild des göttlichen Wesens." Der Mensch, als Gottes Ebenbild geschaffen, befreit sich von dem Irdischen und richtet sich auf das Himmlische, lebt nach den Geboten und fügt sich treu glaubend den kirchlichen Bestimmungen, die dem Suchenden eine probate Hilfestellung zur Lebensorientierung in existenzieller Bedrängnis bieten.

Unter christlicher Prämisse Wissenschaft zu betreiben, hieß in dieser Zeit, sich in Form akribischer Detailarbeit mit theologischen Fragestellungen nachrangiger Relevanz zu befassen und die Lehre der Kirche mit philosophischen Mitteln weiter zu stabilisieren. Die dogmatische Strenge prägt letztlich auch die Schule des Origines. Zunehmend versuchen die geistigen Nachfahren des unkonventionellen Theologen die Lehre an die kirchlich sanktionierte Theologie anzupassen oder distanzieren sich gar ausdrücklich von dessen Werken. Gregor von Nyssa, der bedeutendste der sogenannten „kappadozischen Väter", bemühte sich um die vernünftige Begründung der Lehre von der Dreieinigkeit, die nach seiner Auffassung höchst sinnvoll sei, anders etwa als der Polytheismus der antiken Welt oder ein Monotheismus, der Gott nicht als ein Wesen vorstelle, an welchem drei Personen Anteil nähmen. Leib und Seele sind zwar in dieser Welt verbunden. Die Seele verlässt nach dem Tod des Leibes dieses Gefängnis. Auch war Gregor von Nyssa von der Freiheit des Willens überzeugt. Gerettet werden die Seelen, trotz schuldhafter Verstrickung, durch Gottes große Güte. Gott zieht die Seelen der Toten zu sich und vereinigt sich neu mit ihnen. Ostentativ bekannte sich Gregor von Nyssa zur kirchlichen Dogmatik. Der Lehre von der Auferstehung des Fleisches stimmte er zu, obgleich er sich diese mit der Vernunft nicht erklären konnte, allein aus Gehorsam gegenüber der Kirche und „auf Befehl der heiligen Schrift". Diese doppelte Gefolgschaft ist kennzeichnend für die zahlreichen Kirchenväter dieser Zeit, die die Rechtfertigung der unumschränkte Gültigkeit beanspruchenden kirchlichen Lehre entschieden betrieben und nur selten durch besondere originelle Gedankenfülle und Leuchtkraft des Denkens hervortraten.

Augustinus

Aurelius Augustinus hegte ein für die Spätantike ungewöhnliches Interesse – er beschäftigte sich ununterbrochen mit sich selbst. Das eigene Ich in seinen Bezügen zur Welt, seine religiösen Entfaltungsmöglichkeiten und seine charakterlichen Ausprägungen, rückte in den Mittelpunkt der Betrachtung. Für die römische Philosophie und Geisteswelt war die exzessiv betriebene Innenschau des sich selbst problematisch gewordenen Augustinus ein Novum. Ungeniert bekannte der Philosoph: „Ich war mir selbst zur Frage geworden."

Die Lektüre von Ciceros heute verschollener Schrift „Hortensius", mit existenziell getönter Leidenschaft rezipiert, brachte ihn auf den Weg der Philosophie. Maßgeblichen Einfluss besaß auch die entschieden christgläubige Mutter Monnica, deren Dominanz sich der junge Philosoph nicht zu entziehen wusste, aber offenbar letztlich auch nicht entgehen wollte.

Augustinus erkannte schließlich, dass eine einzige Beziehung entscheidend für sein Leben war, die Beziehung zu Gott. Das Ich des Menschen sucht unentwegt ein transzendentes Gegenüber, davon war Augustinus überzeugt. Unmittelbar steht jeder Mensch im Angesicht Gottes. Die Geborgenheit im Kosmos, das Weltgefüge, in welchem sich der Römer heimisch fühlte, ist Menschen wie Augustinus zur Fremde geworden. Die Erde ist nur noch ein Ort der Durchreise, die Stätte zur Verwirklichung der eigenen Bestimmung in Demut vor Gott. Wer sich Gott nahe weiß, wer sich an diesem ausrichtet, dem wird diese Welt zur Fremde.

Ganz anders als bei Plotin, dessen neuplatonischen Lehren Augustinus große Aufmerksamkeit schenkt, wird das Ich nicht als etwas Leidiges und Lästiges angesehen. Nur auf dem Weg des eigenen Selbst gelangt der Mensch zu Gott. Ein Denker wie Plotin wollte gleichsam in der Kulisse verschwinden. Sich zu zeigen, widerstrebte ihm, erst recht sich zu entblößen. Augustinus hingegen kannte keine Scheu, die dunkelsten Bereiche seiner Seele zu öffnen, als Hilfestellung für die vielen Menschen, die einen Weg zu Gott suchen, aber an ihren Unzulänglichkeiten zu scheitern drohen. Augustinus verfasste die „Bekenntnisse“ als Anleitung zur Selbsterkenntnis. Er wählte die Form eines Gebetes zu Gott, mit der beständigen Hoffnung, den Frieden der Seele zu erlangen und in der Erkenntnis und Schau, im gläubigen Vertrauen auf Gott zu ruhen. Dies wünschte sich der innerlich aufgewühlte Philosoph sehr. Wahrheit erfährt der Mensch im Blick auf sich selbst, in der Erkenntnis des eigenen Selbst. Entsprechend lautet die Empfehlung des Augustinus: „Geh nicht aus dir hinaus; in dich selber kehre ein; denn im inneren Menschen wohnt die Wahrheit.“

Augustinus erzählte ausgiebig von sich selbst, nicht um ethische Maßstäbe darzulegen, sondern um ein problematisches Selbst sorgfältig zu analysieren. Die Wahrheit, die er zu beschreiben versucht, ist die Wahrheit seiner Existenz. Er war in vielem maßlos, auch maßlos interessiert an sich selbst. Trotz des hartnäckigen Einflusses seiner machtbewussten Mutter Monnica, die ihn zu einer frommen Geisteshaltung bekehren und ihm den intimen Kontakt zum anderen Geschlecht austreiben wollte, führte er als junger Mann ein ausschweifendes, genussorientiertes und lustvolles Leben. Augustinus verfasste Dramen, lernte eher ungern, begnügte sich mit begrenzten Kenntnissen und gab sich lieber kräftezehrenden Leidenschaften hin. Inwieweit die

Schilderungen durchwachter Nächte und wolllüstiger Entzückungen authentisch sind, bleibt fraglich. Philosophieren wollte er anfangs gar nicht. Er liebte die Vergnügungen, die das Dasein ihm bot und die er sich ungeniert gestattete, und gefiel sich darin. Augustinus strebte nach Erfolg, gierte nach Aufmerksamkeit und wünschte sich nichts lieber, als bewundert zu sein.

Aurelius Augustinus wurde 354 in Thagaste geboren. Die numidische Stadt gehörte zum weströmischen Reich. Sein Vater hing den Ritualen der alten römischen Götterwelt an, die Mutter versuchte, ihre Familie zum christlichen Glauben und zu einer bigotten Moralistik zu bekehren. Augustinus studierte nicht immer besonders fleißig, war aber ausgesprochen begabt. Zwar bemühte sich seine Mutter hartnäckig, ihren Sohn zur Konversion zum Christentum zu bewegen. Doch Augustinus blieb stur und schloss sich den Manichäern an. Die Weltanschauung des Manichäismus verband gnostische, persische und christliche Elemente. Zwei einander widerstreitende Prinzipien beherrschen die Welt und den Menschen. Diese kosmischen Mächte dominieren das Los jedes Einzelnen. Gut und Böse wirken als antagonistische Strömungen im Weltgefüge. Auch der Mensch muss sich vom Bösen befreien. Wer sich selbst überwindet, wer sich im harten Kampf mit sich selbst als siegreich erweist, triumphiert mit dem Geist über die Materie – und gehört sodann dem Reich des Lichtes und nicht dem Reich der Finsternis an. Die Manichäer bildeten einen elitären Bund. Augustinus folgte dem Manichäismus als Opportunist. Er hatte sich nämlich als Rhetor in Karthago und in Rom zu bewähren versucht, litt aber an seiner Erfolglosigkeit. Dank des Einflusses der Manichäer gelangte er nach Mailand an den kaiserlichen Hof und verdingte sich dort eine Zeitlang erfolgreich als Lobredner des Kaisers. In Mailand lernte er den berühmten Bischof Ambrosius kennen, einen machtbewussten, brillanten Politiker, der auch als religiöser Führer nachhaltig zu beeindrucken vermochte.

Die sittenstrenge Monnica missbilligte die intensive Beziehung ihres Sohnes Augustinus zu einer jungen Frau. Augustinus schlug die mütterlichen Warnungen in den Wind und floh mit seiner Geliebten nach Italien. Dort wird der gemeinsame Sohn Adeodatus geboren. Übersetzt heißt der Name des Kindes: „von Gott gegeben". Monnica folgt Augustinus bis nach Mailand. Die Lebensgefährtin wird unter dem beharrlichen Einfluss der Mutter verstoßen und muss nach Afrika zurückkehren. Da Monnica um Augustinus' gesellschaftlichen Status besorgt ist, führt sie ihm ein Mädchen aus einer angesehenen Familie zu, verlobt ihn mit diesem. Aber das Mädchen ist viel zu jung, als dass er es ehelichen könnte.

Die ausgeprägte geschlechtliche Begierde macht Augustinus zu schaffen, in gleicher Weise die enge, verstörende Beziehung zu seiner allgegenwärtigen Mutter. Augustinus fühlt sich verunsichert, empfindet das lähmende sinnliche Genussleben zunehmend als Belastung und sehnt sich nach einer Wahrheit, die das Leben trägt und hält, sucht ganz bewusst nach der Erfüllung im christlichen Glauben. In den „Bekenntnissen" beschreibt er dieses innere Ringen: „Denn so viele Lebensjahre waren mir schon dahingeflossen, wohl zwölf, seit ich, 19 Jahre alt, Ciceros Hortensius gelesen und dadurch zum Streben nach Weisheit erweckt war. Und immer hatte ich es verschoben, das Erdenglück zu verschmähen und mich für diese Aufgabe freizumachen. Und doch war schon das Suchen nach Weisheit, geschweige das Finden weit vorzuziehen dem Besitz von Schätzen und Königreichen und allen erdenklichen, jeden Augenblick zur Verfügung stehenden leiblichen Genüssen. Ich elender Jüngling aber, so jammervoll elend schon zu Beginn meines Jünglingsalters, hatte von Dir, Gott, Keuschheit erbeten, aber gesagt: Gib sie mir, die Keuschheit und Enthaltsamkeit, aber noch nicht gleich! Denn ich war bange, Du möchtest mich rasch erhören und rasch von der Krankheit meiner Begehrlichkeit heilen, die ich doch lieber sättigen als austilgen lassen wollte."

Ausführlich beschreibt Augustinus seine Verfehlungen in der ersten abendländischen Autobiographie. Er nennt diese Schrift „Bekenntnisse" und wählt für die Darstellung die Kunstform des Gebetes. Augustinus legt den quälerischen Prozess der Selbstfindung offen dar, die letzthin nach christlicher Lehre nur darin liegen kann, dass ein unendlich egoistischer Mensch von sich selbst absieht, die Zentriertheit des Ich aufgibt, die Verkehrtheit seiner desperaten, selbstsüchtigen Existenz eingesteht und sich Gott zuwendet. Wer sich selbst als nicht wichtig erachtet, dem gelingt es, sein Selbst zu finden. Einzig die absolute Bindung, die die Fragilität aller menschlichen Beziehungen überwindet, vermag dem Menschen, der schamhaft und reuevoll die vielgestaltigen Wirrnisse seines Lebens erkennt, Ruhe zu verschaffen. Die Frage nach Gott bildet bei Augustinus das beherrschende Problem menschlicher Existenz. So schreibt er: „Gott und die Seele will ich erkennen. Sonst nichts? Nein, gar nichts."

Augustinus wusste, dass er ein Sünder war und im Angesicht Gottes des Beistands bedurfte. Er hatte das facettenreiche Spektrum der Möglichkeiten menschlicher Existenz kennen gelernt. Augustinus plagten Probleme, die er anscheinend allein auf dem Weg des Glaubens überwinden konnte. An seiner ungehemmten sexuellen Lust leidend, gab er sich zwar nicht mehr den Leidenschaften hin, spürte aber bei verschiedenen Anlässen, so auch beim Singen der Psalmen, das innere Verlangen, die machtvollen Begierden, die ihn schier besinnungslos werden ließen und innerlich aufrieben. Als geradezu innerweltliche Erlösung hat der Philosoph die Weisen des Glaubens beschrieben: „Zu dir hin hast du uns geschaffen, und unruhig ist unser Herz, bis es ruht in dir, o Gott." Die Selbstzucht gelang ihm. Er ließ sich von nun an zu keinem Geschlechtsverkehr mehr hinreißen. Einzig sexuelle Träume suchten ihn heim. Über die vielfältigen Versuchungen schreibt er: „Sehr fürchte ich meine verborgenen Fehler, welche deine Augen kennen, die meinigen aber nicht.“

Augustinus stellte seine Verfehlungen zur Schau und bekehrte sich zum Christentum. Zwar mag der prägende Einfluss der unnachgiebigen, dominanten Monnica, die dem Sohn wohl wenig Entscheidungsfreiheit zubilligte, das entscheidende Moment bei Augustinus' Entschluss zur Taufe gewesen sein. In den „Bekenntnissen“ endet der Prozess eines inneren Geschehens und Ringens nach einem Gespräch mit dem Freund Alypius mit einer Offenbarung. Sich taufen zu lassen, wird für Augustinus hiernach gleichsam unausweichlich: „Ich weinte in bitterster Zerknirschung meines Herzens. Und sieh, da höre ich vom Nachbarhause in singendem Tonfall, ich weiß nicht, ob eines Knaben oder eines Mädchens Stimme, die immer wieder sagt: ‚Nimm und lies, nimm und lies!‘ Sogleich wandelte sich meine Miene, und angestrengt dachte ich nach, ob wohl Kinder bei irgendeinem Spiel so zu singen pflegten, doch konnte ich mich nicht entsinnen, dergleichen je vernommen zu haben. Da ward der Tränen Fluss zurückgedrängt, ich stand auf und konnte mir's anders nicht erklären, als dass ich den göttlichen Befehl empfangen habe, die Schrift aufzuschlagen und die erste Stelle zu lesen, auf die meine Blicke träfen. Denn ich hatte von Antonius vernommen, dass er bei der Verlesung des Evangeliums, der er zufällig beigewohnt, sich durch ein Wort, als wär es zu ihm gesprochen, hatte aufrufen lassen: ‚Geh hin und verkaufe alles, was du hast, und gib's den Armen, so wirst du einen Schatz im Himmel haben, und komm und folge mir nach.‘ Von dieser Gottesstimme angesprochen, erzählte man, habe er sich sogleich zu dir bekehrt. So kehrte ich schleunigst dahin zurück, wo Alypius noch saß, denn dort hatte ich, als ich fortging, die Schrift des Apostels liegen lassen. Ich griff sie auf, öffnete und las stillschweigend den ersten Abschnitt, der mir in die Augen fiel:

‚Nicht in Fressen und Saufen, nicht in Kammern und Unzucht, nicht in Hader und Neid, sondern ziehet an den Herrn Jesus Christus und hütet euch vor fleischlichen Gelüsten.' Weiter wollte ich nicht lesen, brauchte es auch nicht. Denn kaum hatte ich den Satz beendet, durchströmte mein Herz das Licht der Gewissheit, und alle Schatten des Zweifels waren verschwunden."

Der Verweis auf die kirchliche Tradition, gegenwärtig in der Gestalt des heiligen Antonius, legitimiert die Entscheidung aufgrund einer subjektiven Eingebung oder Erfahrung besonderer Art. Das Individuum Augustinus mit seinen persönlichen Erfahrungen ist objektiv in die Heilsgeschichte integriert. Am Osterfest 387 empfing Augustinus gemeinsam mit seinem Sohn Adeodatus das Sakrament der Taufe – zur Freude von Monnica. Allein kehrte der getaufte Philosoph nun nach Afrika zurück. Die Mutter starb noch in Ostia vor Antritt der Reise in die nordafrikanische Heimat.

Augustinus gründete in Thagaste eine philosophische Gemeinschaft. Die neuplatonisch inspirierten Studien wurden immer stärker von der Beschäftigung mit der Bibel verdrängt. Seine Tage hätte er gern in Abgeschiedenheit zugebracht, doch wurde er auf Drängen der Gemeinde in Hippo Regius zum Priester und wenig später zum Bischof geweiht. Augustinus fügte sich innerlich widerstrebend. Seine rhetorischen Kenntnisse waren ihm dienlich, er wusste zu predigen. Als Kirchenfürst verfasste er weiter philosophische Traktate. Aber Augustinus musste sich auch mit den vielfältigen Problemen der Kirche und ihrer Amtsträger auseinandersetzen. So wird erzählt, dass ein Priester, der seine Nächte mit zwei Nonnen verbrachte, von Augustinus kritisiert und ermutigt wurde, einen anderen Lebenswandel zu pflegen. Der Priester blieb aber uneinsichtig und trat zur Sekte der Donatisten über. Augustinus tadelte diese heftig, da sie einen reuelosen Sünder bei sich aufgenommen hätten, und bekam zur Antwort: „Wir diskutieren nicht, wir taufen."

Der disputierfreudige Bischof verstummte. Augustinus sträubte sich anfangs vehement dagegen, Schismatikern und Häretikern gewaltsam zu begegnen. Anhänger der Donatisten jedoch blieben vom Geist des Evangeliums unbeeindruckt. Ihr Raubzug galt Kirchen, deren Priester kaltblütig ermordet oder verstümmelt wurden. Wie sollte die christliche Kirche dem entgegentreten? Augustinus entschloss sich zu einer „väterlichen Zurechtweisung“ mit heilsamer Strenge und rechtfertigte, auch aus Gründen der Selbstverteidigung der Kirche, ein entschiedenes Vorgehen gegen die Donatisten.

Die Amtsgeschäfte in Hippo Regius und die Bedrohung der christlichen Kirche durch Häretiker forderten Augustinus sehr. Er erledigte seine Pflichten, fand aber gleichwohl Zeit für philosophische und theologische Studien. Augustinus deutete Psalmen, verfasste zahlreiche Predigten und Briefe. Seine Hauptschriften entstanden in dieser Zeit. Die „Bekenntnisse“ schloss er 400 ab. Dem Werk „Über die Dreieinigkeit“ widmete er sich zwischen 398 und 416. Die geschichtsphilosophische Abhandlung „Über den Gottesstaat“ schrieb Augustinus in der Zeit von 413 bis 426 nieder. Außerdem notierte der alte Bischof „Retractiones“, also „Zurücknahmen“, in denen er sich selbstkritisch mit den früheren Traktaten auseinandersetzte. Über das Buch „Von der Unsterblichkeit der Seele“ heißt es dort: „Es ist in seinen gekünstelten Schlussfolgerungen und in seiner Kürze so dunkel, dass das Lesen ermüdet und seine Absicht selbst von mir kaum verstanden wird.“

Wenige Jahre vor Augustinus' Tod wurde Hippo Regius von den anstürmenden Vandalen belagert. Augustinus zog sich aus seinem Amt zurück und verbrachte die letzte Zeit in Abgeschiedenheit. Neben seinem Sterbelager hingen die vier Bußpsalmen Davids. Augustinus las diese immer wieder, weinte unentwegt, der Legende nach zehn Tage und zehn Nächte. Er starb erschöpft und entkräftet, war tief überzeugt, dass er, wenn er vor Gottes

Gericht träte, den Beistand aller Heiligen nötig habe. Er hatte sich als „Lasttier“ gesehen und so manche Lasten geschultert, die er eigentlich selbst nicht hatte tragen wollen. Aber er glaubte, dass letzthin alles nach Gottes Fügung geschah. In einer Weihnachtspredigt hatte Augustinus gesagt: „Schäme dich nicht, ein Lasttier deines Herrn zu sein! Christus wirst du tragen, so wirst du nicht in die Irre gehen und vom Weg abkommen. Der Weg selbst, nämlich Christus, sitzt auf dir. Erinnert ihr euch an jenen jungen Esel, der dem Herrn zugeführt wurde? Niemand schäme sich darüber, dass wir damit gemeint sind. Möge der Herr auf uns sitzen und uns lenken, wohin immer er will. Wir sind sein Lasttier auf dem Weg nach Jerusalem. Sitzt er auf uns, so werden wir nicht erdrückt, sondern erhöht; führt er uns, so gehen wir nicht in die Irre. Wir gehen zu ihm, wir gehen durch ihn. So gehen wir nicht zugrunde.“

Grundzüge des Denkens von Augustinus

Augustinus verstand sich als Theologe, als Gottesgelehrter, der Formen philosophischer Erkenntnis integrierte, sich aber von der Philosophie als einer selbstständigen Disziplin, die geistige Orientierung bieten kann, vollständig löste. Die erkennende Ausrichtung auf den „inneren Menschen“ impliziert neben einer Fokussierung des Subjekts, die auf neue Weise Selbstreflexion ist, in der Verschränkung von philosophischen und theologischen Motiven eine dezidiert religiöse Vergewisserung des Selbst, das anthropologische Gegebenheiten registriert und erkundet, sich aber stets die transzendente Perspektive offenhält. Wurde auch in der stoischen Philosophie die Aufmerksamkeit für den Menschen als soziales Wesen geschärft, bei gleichzeitiger bewusster Vernachlässigung der Naturphilosophie, so erweitert Augustinus dies um den Aspekt der Erlösungsbedürftigkeit und des existenziellen Angewiesenseins auf die Gnade Gottes.

Die in der Natur vorfindlichen Gegenstände und Gegebenheiten bilden für das Erkenntnisinteresse nur eine Durchgangsstation: „Und die Menschen gehen und bewundern die Höhen der Gebirge, die gewaltigen Wogen des Meeres, den breiten Fluss der Ströme, den Umfang des Ozeans und den Umlauf der Gestirne, auf sich selbst aber achten sie nicht." Als wesentlich für das menschliche Dasein erweist sich der Weg zu Gott. Die Selbsterkenntnis und die Bezogenheit auf die Transzendenz, auf den personalen Gott sind untrennbar miteinander verbunden: „Dich möchte ich kennen, mich möchte ich kennen." Augustinus richtet sich intentional auf das Beharrende in der Flucht der Erscheinungen und diagnostiziert mit aufmerksamem Blick auf sich selbst die vielgestaltigen und vielfältigen Unzulänglichkeiten: „Ein unendlicher Abgrund ist der Mensch. Du hast seine Haare, o Herr, gezählt, aber leichter fürwahr ist, seine Haare als die Empfindungen und Neigungen seines Herzens zu zählen." Die spezifische Verfasstheit des Menschen zeigt sich in einer reflexiv unaufhebbaren Problematik: Er strebt in die Weite, befindet sich in einem fortschreitenden Prozess der Erkenntnis, bleibt aber doch außerstande zu erfassen, was sein Wesen eigentlich ausmacht. Zugleich sieht er sich mit belastenden Verfehlungen konfrontiert, die anscheinend grundlegend für seinen Charakter sind, der trotz des Bewusstseins dieser bedrückenden inneren Befindlichkeit Gott sucht. Von dem Höheren her gewinnt der Mensch seine Orientierung, und ihm wird offenbar, welche Momente seines Daseins und seiner Lebensweise sich aus dieser Perspektive als ungenügend und korrekturbedürftig erweisen: „Wir besitzen noch einen anderen, über den leiblichen Sinn weit erhabeneren Sinn, den Sinn des inneren Menschen, kraft dessen wir das Rechte und das Unrechte empfinden, das Rechte an der Übereinstimmung mit der übersinnlichen Form, das Unrechte an der Abweichung davon. Dieser Sinn bestätigt sich, ohne dass er der Schärfe des Auges bedürfte."

Die Antwort auf die Fragen, die sich aus der – bewusst oder unbewusst – innerlich zerrissenen, abgründigen Existenz ergeben, finden eine adäquate Erwiderung nur in der Abkehr von den Nichtigkeiten und in der Hinwendung zu Gott. Wer in dieser Beziehung scheitert, versinkt buchstäblich im Nichts und endet in auswegloser Verzweiflung. Die alltägliche Erfahrung einer sinnentleerten Wirklichkeit in sich endlos wiederholenden abgeschmackten Nichtigkeiten des stumpfen Dahinlebens und auch orgiastischer Exzesse kennzeichnen auf signifikante Weise die vielfältig erfahrene Zerstreutheit, in der Augustinus sich befindet. Die Stadien seiner eigenen geistigen Entwicklung bilden die manichäisch-gnostischen Lehren und der Neuplatonismus. Diesen kennzeichnet die Loslösung vom Leiblichen und die gleichzeitige Überhöhung des Geistigen, die letzthin zur Bekehrung zum christlichen Glauben führt.

Die Glaubensgewissheit der Bekehrung schildert Augustinus vor allem in der Absichtslosigkeit. Sie wird nicht erzwungen, nicht gelehrt, sondern erweist sich als ein Geschenk Gottes. Der Weg zu Gott lässt sich nicht verstandesmäßig erschließen. Im Augenblick der Bekehrung erfährt er eine bestimmende Kraft, die nicht aus ihm selbst heraus wirkt. Wer nicht bekehrt ist, dem bleibt jegliches Denken, das sich auf dieses Erlebnis gründet und religiös konnotiert ist, äußerlich. Er mag es systematisch erfassen oder theoretisch reflektieren, aber in sich aufnehmen kann er es nicht. Die Bekehrung ist für Augustinus ein konkreter Augenblick seines Lebens. Von diesem Zeitpunkt an bestimmt der christliche Glaube die Zielsetzungen. Die Triebe werden beherrscht, weil der Bekehrte sich von Gott getroffen weiß. Er möchte der Kirche angehören. Gott dienen heißt für Augustinus zugleich, der Kirche zu dienen. Der Gehorsam des Gläubigen lässt eine Trennung von Gott und Kirche nicht zu.

Wer sich bekehrt, gestaltet sein Leben nicht aus philosophischer Einsicht neu. Auch tritt er nicht allein aus bestehenden Gewohnheiten heraus. Die Bekehrung ist eine Neubegründung des Daseins. Aus der Zerstreutheit und Ziellosigkeit bindet sich dieser Mensch nicht an das neuplatonisch aufgefasste Eine, sondern an den Einen, an den Gott des Christentums. Aus der Verwirrung und Beliebigkeit wendet er sich der Wahrheit und dem Heiligen zu. Seine irdische Bestimmung erhält er als Bürger des Gottesstaates durch den neuen, außerphilosophischen „Logos", durch Christus, den Gekreuzigten. Damit verwandelt sich der Sinn seines Denkens und Handelns. Die philosophische Weltorientierung wird durch die Leidenschaft des Glaubens, der sich in der Welt bewährt, überwunden. Für Augustinus findet das Denken erst durch die bewusste Ausrichtung auf diesen „Logos" sein Ziel und einen adäquaten Abschluss. Die Reflexionstätigkeit vermag nur denkend zu bestätigen, was durch den Glauben bereits gewiss ist.

Was Augustinus philosophisch entwickelt, lässt sich zwar auch ohne innere Akzeptanz der Prämisse des christlichen Glaubens nachvollziehen. Ein wirklich zureichendes Verständnis erreicht jedoch nur derjenige Mensch, der sich verdeutlicht, dass dem Führungsanspruch des Glaubens die Vernunft nachgeordnet ist und dass das entsprechende System durch eine Autorität, die nicht aus der Vernunft stammt, sondern nur im Glauben als solche angenommen werden kann, zusammengehalten wird. Die Aufgabe der Philosophie lässt sich somit als eine Sorge um Gott und die Seele betrachten. In der Konzentration der Imaginationsfähigkeit auf Christus als den Wesentlichen und auf Gott, der Grund und Usprung aller Wirklichkeit ist, gilt sie der Erkenntnis des Ewigen und in gleicher Weise der Einschränkung von Begierden und Trieben.

Die Selbsterkenntnis des Menschen und damit auch die Einsicht in seine Bestimmung in dieser Welt liegen jenseits dessen, was philosophisch erschlossen werden kann. Dieser Gott ist kein in sich ruhendes Eines, sondern ein machtvoll wirkender Wille, der sich sogar erbarmend dem Menschen zuzuwenden vermag. Die angemessene Haltung, auch im Prozess des Denkens, ist das Gebet. Augustinus scheint sein ganzes Leben, vom Zeitpunkt der Bekehrung an, nichts als wichtiger angesehen zu haben, als sich betend Gott anzunähern. Das Hellwerden des eigenen Selbst erweist sich als ein Stadium auf dem Weg zur Vergewisserung des Gläubigen. Die Kirche als Autorität bietet Zuflucht und Geborgenheit, nicht aus der Stärke einer machtvollen Institution, sondern durch die Ausrichtung ihrer Amtsträger, die sich dem „Logos“ verpflichten, der auf die transzendente Wirklichkeit verweist und nur durch ihre Bindung an Christus auch die hierarchischen Strukturen rechtfertigt. Eine Kirche, die sich selbst genügt hätte, hätte einem Denker wie Augustinus niemals genügt.

Die Taufe erneuert den bekehrten Augustinus und bildet den Anfang seiner christlichen Existenz, erweitert sozusagen die geistige Entwicklung um das nunmehr entscheidende Moment einer geistlichen Reifung. Er wächst hinein in eine neue Existenzweise, die er für sich selbst entdeckt und sich selbst erschließt, eine Daseinsform, die christlich, katholisch und kirchlich konturiert ist. Augustinus' Denken bewährt und entwickelt sich in der Auseinandersetzung mit den wachsenden Herausforderungen als Bischof und der Selbstbehauptung der Kirche in der Welt. Konflikte mit den Heiden und Häretikern kehren immer wieder. Die intellektuelle Durchleuchtung der eigenen Position wird erforderlich. Augustinus erfährt auf diese Weise das Bewusstsein des Glaubensgehaltes. Was in der Auseinandersetzung behauptet, gerechtfertigt und verteidigt wird, klärt sich und wird vertieft. Im Lauf dieser Zeit entwickeln sich die tragenden Begriffe des augustinischen Denkens, von Freiheit und Gnade, Erbsünde und Erlösung. Auch die Kirche gewinnt an innerem Halt und dauerhafter Stabilität, nicht allein, weil sie als mystischer Leib Christi aufgefasst wird, sondern auch, weil sie sich gegen die heidnischen Eroberer Roms behauptet.

Leidenschaftlich kämpft Augustinus für die Freiheit der Verkündigung des Evangeliums. Ohne Zwang überzeugen zu können, erscheint ihm außerordentlich wichtig. Später aber ändert sich seine Einstellung gravierend. Nicht mehr werbend tritt er auf, sondern fordernd. Zunehmend verfestigt sich Augustinus' Denken in dogmatischer Starre. Er kämpft für die Kirche und möchte einen jeden zum Bekenntnis zwingen. Die gewaltsame Bekehrung wird nicht mehr ausgeschlossen. Augustinus sieht sich dem Willen Gottes unterstellt. Entscheidet er wirklich frei? Er weiß sich gebunden an die Gnade Gottes und formuliert: „Das Gute an mir ist dein Werk und deine Gabe, das Böse an mir meine Schuld und dein Gericht." Weiterhin heißt es: „Du hast aus meines Herzens Grunde den Schlamm des Verderbens herausgeschöpft. Dies ist nichts anderes als: nicht mehr wollen, was ich will, und wollen, was du willst."

Einsicht ist für den Glaubenden wichtig, aber der Glaube steht höher als alle Vernunft. Glaubenslos irrt der Vernünftige unentwegt. Der Glaube trägt die Gewissheit in sich selbst. Er bedarf keiner Gründe und Beweise, er ist von ungeheurer innerer Stabilität. Die Vernunft ist auf die Gnade des Glaubens angewiesen. Glaube lässt sich nicht künstlich erzeugen, Glaube wird geschenkt. Wer philosophisch nach der Wahrheit sucht, gelangt an Grenzen und entdeckt die Theologie: „Wir sind zu schwach, um mit der bloßen Vernunft die Wahrheit zu finden; deshalb ist uns die Autorität der Heiligen Schrift vonnöten." Der Weg zu Gott ist der Weg des Menschen. Niemand vermag Gott zu schauen. Aber betrachtet der Mensch sein facettenreiches Dasein, so stellt er auch Betrachtungen über den Schöpfer an. Über sich selbst, im Blick auf die Geschichte des eigenen Lebens, entdeckt der Mensch Wegzeichen der Existenz Gottes. Ihm wird gewiss, dass eine Wahrheit besteht, die größer ist als er selbst und die sich nicht auf vernünftige Weise erschließen lässt. Gott, als Maß der Wahrheit, ist höher als die Vernunft. Diese Gewissheit verweist auf seine Existenz außerhalb unseres Denkens. Da der Mensch das Ungenügen an sich selbst und auch an seiner Vernunft verspürt, strebt er nach dem Guten. Diese Bewegung des Strebens wird, so Augustinus, von Gott hervorgerufen. An diesem höchsten Seienden soll ein jeder Mensch sich ausrichten. Wer sich als Geschöpf Gottes erkennt, begreift, dass er dessen Spuren in sich trägt und beginnt nach dem besten seiner selbst zu suchen, das auf den Schöpfer verweist, der auch ihn ins Leben gerufen hat.

Philosophisches Denken erscheint Augustinus wie ein taugliches Instrumentarium, das hilfreich ist, aber niemals einen Zweck in sich selbst tragen könnte. Zwar reduziert Augustinus die kognitiven Fähigkeiten und das Denken an sich auf ein Hilfsmittel für den Glauben, aber gleichzeitig warnt er auch davor, vernunftlos zu glauben, und schreibt: „Sieh ein, damit du glaubst; glaube, damit du einsiehst." Der Glaube indessen leitet das Denken. Wer nicht zu denken weiß, vermag auch nicht zu glauben. Entscheidend für ihn ist göttliche Erleuchtung, die Führung durch das Licht Christi. Dieser „Logos", die „ewige Vernunft", Christus also, ist der einzige Weg zur Seligkeit. Gott erkennen gelingt nicht, ohne Gott zu lieben, und ganz erkennen vermag der Mensch den archimedischen Punkt auch seines irdischen Daseins erst im Stadium der Vollendung: „Die in der Philosophie Unerfahrenen werden Wahres antworten, wenn sie gut gefragt werden, weil ihnen das Licht der ewigen Vernunft gegenwärtig ist, soweit sie es fassen können, wo sie die unveränderlichen Wahrheiten erblicken."

Das Problem der Zeit

Wenn wir mit Augustinus gläubig annähmen, dass Gott diese Welt, Himmel und Erde aus dem Nichts erschuf, dürfen wir dann fragen: Womit war Gott vorher beschäftigt? Augustinus wagte es, diese Frage zu stellen, die leichthin blasphemisch anmutet, da doch gewiss eine dogmatische Antwort solcherlei Erkenntnisinteresse zuvorkommt. Augustinus aber überlegte, ob diese Erschaffung der Welt als eine Handlung in der Zeit aufgefasst werden muss – oder ob die Zeit erst mit der Schöpfung kreiert wurde. Denn dieses Problem der Zeit beschäftigte ihn sehr. In den „Bekenntnissen" heißt es: „Ich gebe nicht die Antwort, die einst jemand gegeben haben soll, der mit einem Scherz dieser drängenden Frage auswich: Gott machte Höllen für die, die solche Geheimnisse ergründen wollen. Doch Witze helfen nicht zum Wissen. Nein, diese Antwort gebe ich nicht, denn lieber würde ich antworten: Was ich nicht weiß, weiß ich nicht, als dass ich den verspottete, der Geheimnisse ergründen will, und für verkehrte Antworten mich loben ließe. Aber ich sage: Du, unser Gott, bist Schöpfer aller Kreatur, und wenn die Worte Himmel und Erde ein Inbegriff aller Kreatur sind, sage ich getrost: Ehe Gott Himmel und Erde machte, machte er nichts."

Gott ruhte also, bevor er die Welt erschuf, und es gab offenbar eine Zeitlosigkeit vor der Zeit, die Ewigkeit, ehe Vergangenheit, Gegenwart und Zukunft, die Formen unseres Erlebens der Zeit, für Menschen messbar wurden. Vergänglichkeit, die fließende Zeit, ist eine Grunderfahrung menschlicher Existenz: „Ginge nichts vorüber, so gäbe es keine Vergangenheit; käme nichts heran, so gäbe es keine Zukunft; bestände nichts, so gäbe es keine Gegenwart." Wir differenzieren, aber wir erleben bewusst im Augenblick, in der Gegenwart. Das Gestern ist dadurch gekennzeichnet, dass es nirgends ist als in unserer Erinnerung. Der Zukunft gehen wir erwartungsvoll entgegen. Sie ist noch nicht, sie ist die sich abzeichnende Möglichkeit vor dem Horizont des Heute, das wir justament erleben, und in dem Moment, da wir es erlebt haben, ist es schon wieder Vergangenheit. Würde aber die Gegenwart beharrlich aktuell bleiben, also nicht vergehen, so bliebe sie außerhalb der Zeit.

Das Charakteristikum der Zeit ist ihr Wandel. Der Augenblick entschwindet aus der Gegenwart zu einem Stadium des Weges, der letztlich vergangen ist. Dieser Moment ist nicht mehr, ist gewesen, somit vergangen. Das Gestern und das Morgen sind uns allein im Augenblick, in der Gegenwart, zuhanden. Wer sich an Vergangenes erinnert, ruft sich dies ins Gedächtnis. Was wir uns vor Augen führen, hat seine Wirklichkeit im Heute, im Hier und Jetzt. Aber es ist eigentlich verflossene Zeit, das Gestern, das nur noch einmal vergegenwärtigt wird, also in diesem Augenblick durch die Erinnerung neu als etwas Vergangenes erscheint. Die Zukunft lässt sich ausmalen. Wir stellen uns das Künftige im Jetzt, in diesem Augenblick vor. So denken wir vielleicht an eine Reise nach Afrika, die uns bevorsteht. In Gedanken nehmen wir schon an der Safari teil, auf welcher wir in naher Zukunft Elefanten und Giraffen beobachten werden. Das Vorgestellte hat seine Realität nur in diesem Augenblick. Es ist noch nicht da, es ist eigentlich Zukunft, eine Zukunft, die wir uns in der Gegenwart schon anschaulich vor Augen führen. Was bleibt, ist die Gegenwart. In ihr können wir uns aber das Gestern, das Heute und das Morgen buchstäblich vergegenwärtigen, vor Augen führen, im Erlebnishorizont des Augenblicks. Unser Gedächtnis hält die Vergangenheit lebendig. Was wir anschauen, fühlen, ertasten und konkret erfahren, ist diese Zeit, ist der Moment, in dem wir dieses Buch lesen, die Gegenwart. Unsere Vorhaben und Pläne, die wir fassen, richten sich auf Künftiges. Aber wir denken heute daran, also wiederum in der Gegenwart.

Wie lässt sich die Gegenwart treffend beschreiben? Augustinus bestimmt sie als den gegebenen Augenblick. Somit erscheint die Gegenwart eigentlich nicht mehr als ein Punkt oder eine Grenze, deren momenthaftes Dasein buchstäblich im Bewusstsein der Erfahrung wieder entschwindet in das Vergangene. Die Gegenwart ist nicht messbar. Welche Dauer hätte sie? Die Vergangenheit vermögen wir wahrzunehmen als verflossene Zeit, deren Räume wir denkend durchdringen und mit Tag, Woche, Monat und Jahr zu bezeichnen wissen. Nur als etwas, das war, lässt sich Zeit also messen. Oder wir stellen eine Prognose für die Zukunft, machen Pläne für die nächste Lebensphase, die einmal zwei oder auch fünf Jahre währen mag. So besehen also bleibt die Länge der Zeit nur in der Vergangenheit oder in der Zukunft bestimmbar. Wir messen das Gewesene und das Kommende.

Wie eigentlich messen wir die Zeit? Augustinus führt aus, dass wir messen, ohne doch zu wissen, mit welchem Maßstab oder mit welchem Instrument wir dies tun. Er grenzt sich ab von der Auffassung, die Zeit sei bestimmt durch die Bewegungen von Sonne, Mond und Sternen. Wäre dies so, dann müsste jede Form der Bewegung Zeit sein. Nicht aber die Bewegung selbst sei Zeit, vielmehr werde die Zeit mit der Bewegung gemessen, abhängig davon, wie lange diese dauert. Also können auch die Bewegungen der Gestirne als Zeit aufgefasst und als Zeichen dieser verstanden werden. Augustinus bestimmt die Zeit als „Ausdehnung", die vom menschlichen Bewusstsein, mithin von unserem Geist geprägt sei: „Den Eindruck, den die vorübergehenden Dinge auf mich machen und der auch, nachdem sie vorübergegangen sind, bleibt, diesen mir gegenwärtigen Eindruck also messe ich, nicht das, was vorübergegangen ist."

Als bewusst denkendes, vorstellendes, Vergangenes reflektierendes und Künftiges antizipierendes Lebewesen lebt der Mensch in Erwartung und Erinnerung – und das, was er von der Zukunft annimmt, geht durch den Augenblick, durch die Gegenwart, hindurch, um zu einem Bestandteil seiner Erinnerung zu werden. Augustinus schreibt: „Das weiß ich, wenn nichts verginge, gäbe es keine vergangene Zeit, und wenn nichts käme, keine zukünftige, und wenn nichts wäre, keine gegenwärtige Zeit. Aber wie steht es nun mit jenen beiden Zeiten, der vergangenen und zukünftigen? Wie kann man sagen, dass sie sind, da doch die vergangene schon nicht mehr und die zukünftige noch nicht ist? Die gegenwärtige aber, wenn sie immer gegenwärtig wäre und nicht in Vergangenheit überginge, wäre nicht mehr Zeit, sondern Ewigkeit. Wenn also die gegenwärtige Zeit nur dadurch Zeit wird, dass sie in Vergangenheit übergeht, wie können wir dann sagen, sie sei, da doch der Grund des Seins der ist, dass sie nicht sein wird? Muss man also nicht in Wahrheit sagen, dass Zeit nur darum sei, weil sie zum Nichtsein strebt?" Augustinus zufolge bleibt die eigentliche Problematik, die sich mit der Zeit verbindet, bestehen, nämlich „dass wir weder die zukünftige noch die vergangene, noch die gegenwärtige, noch die vorübergehende Zeit messen, und dennoch die Zeit messen".

Augustinus begreift die Zeit als von Gott geschaffen. Vor der Zeit bestand die Ewigkeit, die somit nicht als unbegrenzte Dauer, sondern als Zeitlosigkeit treffend bestimmt ist. Die Ewigkeit wird außerhalb der Zeit verortet und lässt sich nicht mit Kategorien der Zeit erfassen. Er versucht eine Beschreibung auf folgende Weise: „In der Ewigkeit geht nichts vorüber, sondern in ihr ist alles gegenwärtig. Dagegen ist keine Zeit ganz gegenwärtig." Bezogen auf den Menschen in der Zeit, freilich wiederum im Blick auf das eigene Selbst, erlebt er „Jahre des Seufzens". Er erfährt sich als „aufgegangen in der Zeit", in einer unbekannten Ordnung, und arbeitet den scharfen Kontrast zur Ewigkeit heraus. Die Individualität birst schier im „stürmischen Wechsel" der Zeitläufte, die es nicht begreift, ihre „Gedanken" und das „innerste Leben" der Seele bilden keine Einheit, scheinen wie zerrissen. Der Versuch, die Ewigkeit zu beschreiben, welche eigentlich, obgleich keine Zeit, sich paradoxerweise doch als Zeit Gottes benennen lässt, muss scheitern, aber Augustinus versucht die Jahre des Menschen mit der Zeiterfahrung Gottes zu vergleichen: „Deine Jahre gehen nicht und kommen; unsere aber hienieden gehen und kommen. Deine Jahre bestehen alle zugleich … Unsere Jahre werden erst dann alle Jahre sein, wenn unsere Zeitlichkeit vollendet ist." Somit lenkt er den Blick aus der Welt begrenzter Erkenntnisse, die alle menschlichen Bestimmungen nur ungenügend erfassen können, über den Weg des Glaubens zur Vollendung in der Ewigkeit.

Mit all seinem rhetorischen Schwung und Geschick formuliert Augustinus: „Was ist Zeit? Wer könnte das leicht und kurz erklären? Wer es denkend erfassen, um es dann in Worten auszudrücken? Und doch – können wir ein Wort nennen, das uns vertrauter und bekannter wäre als die Zeit? Wenn niemand mich danach fragt, weiß ich's, will ich's aber einem Fragenden erklären, weiß ich's nicht." Hier freilich übertreibt Augustinus ein wenig, da er durch die Skizzierung der diffizilen Thematik das Problem der Zeit zwar zu erhellen, wenngleich nicht zu lösen vermochte, so aber doch erarbeitete, dass in der menschlichen Individualität die konstituierenden Prinzipien der Zeit begründet liegen.

Trinität

Zu den kompliziertesten, aber auch folgenreichsten Schriften für die mittelalterliche Philosophie gehört Augustinus' Abhandlung über die Dreieinigkeit, „De trinitate". Anders als in der neuplatonischen Geisteswelt soll das Eine nicht in einer „unio mystica", auch nicht als Leere oder Nichts, sondern als personaler, lebendiger Gott erfahren werden. Augustinus ist überzeugt, dass sich dieser Gott gleichsam in sich selbst in Bewegung befindet. Aber die Trinität oder Dreieinigkeit fassen wir nicht als eine Verdreifachung des Göttlichen auf, vielmehr als den einen Gott, der in Gestalt von drei Personen, Vater, Sohn und Heiliger Geist, verehrt wird. In das Geheimnis des dreieinigen Gottes versenkt sich der Einzelne und vermag dieses mit sich selbst in Beziehung stehende und kommunizierende Wesen zu erfahren, sich des einen Gottes zu vergewissern. Eines Gottes, der nicht in Einsamkeit oder Isolation besteht und sich dann notwendigerweise niedere Lebensformen erschafft, um Gesellschaft zu bekommen, sondern in vollendeter Zufriedenheit in der lebendigen, beziehungsreichen Gemeinschaft dieser drei Personen existiert, die einander wesensgleich sind.

In der Trinitätslehre gelingt Augustinus eine außergewöhnliche Theorie. Die negative Theologie beschränkt sich auf die Verborgenheit Gottes und kann nur im Ausschlussverfahren Aussagen über seine Eigenschaften machen. Sie verweist auf das, was Gott nicht ist, vermag aber auf indirekte Weise seiner Größe innezuwerden, indem geradezu überschäumend die Verborgenheit herausgestellt wird. Die Trinität hingegen zeigt den Charakter eines absoluten Mysteriums. In dieser dreigliedrigen Personalität wird Gott vergegenwärtigt, aber eigentlich auf eine undenkbare, unvorstellbare Weise. So gelangt dieses Bild, kraft der Autorität der Kirche, ins Bewusstsein und hat eine gewaltige Wirkung auf die Gläubigen. Es ist mehr als eine metaphorische Vorstellung, die zwar durch ihre Bindung an biblische Texte legitimiert ist, jedoch erst im Zuge der beständigen Bestätigung durch die Kirche und jedes einzelnen Menschen, der seinen Glauben bekennt, schier unentwegt verstetigt wird. Der Glaube an den Gott der Christen ist der Glaube an den dreifaltigen Gott. Mit der Trinität nimmt die spekulative Methode nicht ihren Ausgang, sondern sie findet hierin ihren Abschluss, ihr letztgültiges Resultat. Wer sich diesem Bekenntnis verweigert, verfällt der Häresie.

Auch muss die Trinität nicht eigens begründet werden. Ebenso wenig stellt sich die Frage nach einem Entstehungs- oder Beweggrund für dieses Bild. Ein Geheimnis lässt sich weder rational vermitteln noch erklären. Wer die Trinität, ein geoffenbartes Mysterium, zu deuten sich anmaßt, wer sie für rational nachvollziehbar hält und reflektierend zu eindeutigen Ergebnissen gelangt, bewegt sich bereits im Unglauben und gibt sich selbst als gottlos zu erkennen. Augustinus schreibt: „Wer begreift die allmächtige Dreieinigkeit? Und wer spricht nicht von ihr, wenn er sie dennoch zu begreifen vermeint?" Seine Schrift „De trinitate" schließt mit den Worten: „Ich habe mit der Vernunft zu schauen verlangt, was ich glaubte ... Es waren nicht viele Worte, weil es nur die notwendigen waren. Befreie mich, o Gott, von der Vielrederei ... Ich schweige ja nicht in meinen Gedanken, selbst wenn ich mit dem Munde schweige ... Aber zahlreich sind meine Gedanken, die wie Menschengedanken eitel sind ... Gewähre mir, dass ich ihnen nicht zustimme, dass ich sie, auch wenn sie mein Ergötzen erregen, dennoch missbillige."

Hier entdecken wir bei Augustinus erneut einen Kristallisationspunkt seiner leidenschaftlichen Gottsuche, die begleitet ist von einem hartnäckigen Streben nach Erkenntnis, aber zugleich auch von dem Eingeständnis, dass diese Denktätigkeit unzureichend bleibt, zu kurz greift. Letzthin muss sie begreifen, dass der versuchte epistemische Zugriff eines Geschöpfes auf das Dasein und Wesen des Schöpfers in jeder Weise unangemessen ist, lässt sich doch Gott niemals mit der menschlichen Vorstellungskraft fassen und mit unzulänglichen Worten beschreiben. Augustinus wählt zum Schluss der Abhandlung eine hymnische Sprache. In gleicher Weise klingt eine Selbstbescheidung an, die gewiss weitaus mehr ist als eines jener rhetorischen Stilmittel, die er so virtuos beherrscht, indem er vorsichtig ausführt, dass diese Diskrepanz zwischen Mensch und Gott bestehen bleibt und bestehen bleiben muss – und der erkennende Gottsucher in der sündhaften Verstrickung seiner Existenz niemals den allmächtigen Gott, auf dessen Gnade er angewiesen ist, zu erreichen vermag. Nur in Bildern und Gleichnissen kann er von ihm sprechen. Die Trinität gehört wesenhaft zum Zentrum des Glaubens, der sich letzter rationaler Einsehbarkeit notwendigerweise entzieht.

Erbsünde

Von der Trinität gelangen wir sogleich zu einem weiteren Topos, der sich untrennbar mit dem Werk des Augustinus verbindet. Der Mensch lebt in der Welt nicht allein im Zustand der Schuld, er ist von Anfang an mit der Erbsünde belastet, von ihr getroffen durch sein bloßes Menschsein. Obgleich ursprünglich von Gott zum Guten hin geschaffen, lebt er durch Adams Vergehen in der Sünde. Schon bei seiner Geburt ist der Mensch ein Sünder. Er trägt Adams Erbe.

Der vollständige Bruch mit den philosophischen Traditionen der Antike gipfelt in der Theorie der Erbsünde. Ein solches Stadium der Ausweglosigkeit kannten weder die alten Griechen noch die Römer. Ausweglos, da der Mensch nun nicht mehr primär als gut verstanden wird, als einer, der durch Erkenntnis das Rechte schauen und entsprechend handeln soll, sondern mit einem Verhängnis geboren wird, an dem er als Individuum, nach dem Verständnis der Antike, schuldlos ist. Der Mensch ist für Augustinus nicht frei in seinem Handeln. Er steht unter dem Verdikt der Sündhaftigkeit von dem Augenblick der Empfängnis an. Die Willensfreiheit, über die Augustinus verschiedentlich nachdachte, tritt mit der Theorie der Erbsünde vollständig in den Hintergrund. Wir verstehen diese Auffassung vielleicht am besten, wenn wir uns Augustinus' Gottesbild vergegenwärtigen. Schöpfer und Geschöpf weisen durchaus Ähnlichkeiten auf. Aber schon das erste Geschöpf, das nach dem Bild Gottes geschaffen ist, wendet sich von seinem Schöpfer ab.

Gott ist allmächtig. Welches Maß an Freiheit kann dem Menschen dann eigentlich zugestanden werden? Augustinus erkennt Gott, der „unsichtbar", „verborgen" und „unbegreiflich" ist, die absolute Freiheit zu. Die einzig angemessene Haltung gegenüber Gott ist Demut, denn es gibt von ihm „kein Wissen in der Seele, außer dass sie weiß, wie sie ihn nicht weiß" – und der Mensch begreift sich selbst als ein sündhaftes, erlösungsbedürftiges Wesen, das nur durch die Gnade des allmächtigen Gottes auf Rettung und Heil hoffen darf.

Die Problematik des sündigen Individuums liegt eingebettet in die profane Geschichte der Menschheit. Mit dem Sündenfall Adams verbindet sich die Vertreibung aus dem Paradies. In diesem Augenblick nimmt die Geschichte überhaupt erst ihren Anfang. Somit kann der Sinn menschlicher Existenz nur außerhalb der Zeit gefunden werden, da die Geschichte selbst untrennbar verbunden ist mit der Abkehr des Menschen von Gott. Augustinus konstruiert in seinem Werk „Vom Gottesstaat" die Theorie eines mit der Weltgeschichte verbundenen Heilsgeschehens. Inmitten dieses von Menschen unkontrollierbaren Prozesses zwischen zwei einander widerstreitenden Prinzipien, zwischen der „civitas Dei", dem Reich Gottes, und der „civitas terrena", in der Sinnenlust, Machtwille und Sexualität vorherrschend sind.

Es ist ein Geschehen, welches von Gott als dem Herrn der Geschichte gelenkt wird. In diesem findet sich wiederum der sündige Mensch vor, der, ganz gleich, was er tut, nur durch die Gnade Gottes gerettet werden kann. Ein Mensch steht in Bezug zu Gott wie das Material, das ein Künstler bearbeitet und formt. Nicht gute Werke, nicht ein gottgefälliges Leben führen zur Seligkeit. Gott entscheidet souverän, ob er Menschen liebt und rettet oder hasst und verdammt. Im Blick auf unsere Mitmenschen und uns selbst können wir nichts als das Merkmal der Sündhaftigkeit erkennen. Wir sehen uns außerstande zu wissen, wer zu den Erwählten und wer zu den Verdammten gezählt wird. Die Schuldigkeit besteht im Erbe Adams. Dies Vergehen kann der Mensch nicht durch eigenes Tun rückgängig oder wieder gut machen. Niemand vermag sich selbst zu erlösen.

Augustinus verknüpft den Sündenfall und die sich daraus ergebende Erbsünde des Menschen mit der Sexualität. Die Erkenntnis der Nacktheit ist ein Augenblick der Scham. Nackt und bloß sieht sich der Mensch und erschrickt. Er hat die Unbeschwertheit eingebüßt und verspürt inwendig eine große Scheu. Der Mensch, so glaubt Augustinus, muss sich seiner sexuellen Neigungen, der Versuchungen und Triebe zutiefst schämen: „Obschon sich also die Gier auf vielerlei richten kann, kommt uns doch, wenn nur von Libido und keinem besonderen Gegenstand der Gier die Rede ist, in der Regel fast ausschließlich die Lust in den Sinn, von der die Geschlechtsteile unseres Leibes erregt werden. Diese aber nimmt den ganzen Leib, innerlich so gut wie äußerlich, in Anspruch und bringt, da die seelische Leidenschaft sich mit dem fleischlichen Triebe vereinigt und ihn durchdringt, den ganzen Menschen in Wallung, worauf jene Wolllust folgt, mit der keine andere körperliche Lust zu vergleichen ist, die, auf ihrem Höhepunkt angelangt, fast alles Denken und Wachbewusstsein auslöscht."

Die bezwingende Macht des Geschlechtstriebs, die ungehemmte, auch unstillbare Begierde nach Befriedigung und fortwährend neuem Genuss erwähnt Augustinus häufig und legt auch dar, dass der Wille die sexuelle Erregung nicht hervorbringen, aber auch nicht abwenden kann. Nach dem Sündenfall ist der Mensch der eigenen Geschlechtlichkeit regelrecht ausgeliefert. Er schämt sich ihrer, weil er nicht autark über sie entscheiden kann. Augustinus schreibt im „Gottesstaat": „Mit Recht also schämt man sich dieses Triebes sehr, und mit Recht werden die betreffenden Glieder, die sozusagen nach dem eigenen Gesetz und durchaus nicht nur nach unserer Willkür erregt oder nicht erregt werden, Schamteile genannt, was sie vor der Sünde des Menschen noch nicht waren." Adam und Eva vermochten sich zu beherrschen und waren nach Augustinus' Überzeugung nicht der Herrschaft der Triebhaftigkeit unterworfen. Durch Sexualität vererbt sich Adams Schuld, der seine Freiheit missbrauchte und gegen das göttliche Gesetz verstieß, die geschlechtliche Lust ist das Zeichen der Verdammnis. Einzig der barmherzige, gnädige Gott vermag die Menschen zu erlösen, aber nicht im Sinne einer göttlichen Gerechtigkeit, sondern durch willkürliche Vorherbestimmung.

Größe und Grenzen des Augustinus

Die mittelalterliche Philosophie nimmt mit Augustinus ihren Ausgang – und er prägt sie als unbestreitbar großer Kirchenvater, aber auch dank der philosophisch-theologischen Tiefe seiner Schriften. Maßgeblich war für ihn der Gehorsam gegenüber der Kirche. Ihre Autorität empfand er als Befreiung und Hilfe, ihre Mauern als Hort des Friedens, als Stätte der Geborgenheit in einer ungastlichen Welt. Bezeichnend ist sein Ausspruch: „Ich würde dem Evangelium keinen Glauben schenken, wenn mich nicht die Autorität der katholischen Kirche dazu bewegte." Die Kirche ist stark, weil sie für Augustinus nicht dem menschlichen Wollen entstammt, sondern ein Geschenk Gottes ist; sie ist kein beliebig veränderbarer Vertrag unter Bürgern eines Staates, sondern bietet die verlässlichste Form der Gemeinschaft, die Kommunität von Gott und Mensch. Augustinus näherte sich dieser Existenzweise, dem Dienst am Reich Gottes, immer mehr an. Er war ein philosophisch geprägter Mensch, der zu einem treuen Kämpfer der Kirche wurde. Mit ihr ist er im Lauf seines Lebens verwachsen. Augustinus war tief davon überzeugt, dass der Mensch des Haltes, den die Kirche schenkt, unbedingt bedarf. Nur wer sich an das Dogma bindet, gewinnt wahrhaft seine Freiheit, in Gemeinschaft mit Gott und seiner Kirche. Alle Philosophie bleibt vorläufig und Stückwerk. Sie mag das Dasein ausfüllen, doch von ihr her gewinnt es nicht seinen Gehalt und tieferen Sinn. Für Augustinus war es unbegreiflich, dass Menschen außerhalb der Kirche und unabhängig von ihr den Sinn ihres Lebens und ihr Glück suchten. Er versuchte in bester Absicht zu bekehren. Dabei bediente er sich absichtsvoll auch fragwürdiger Mittel. Die Gleichgültigkeit, die manche Menschen der Kirche gegenüber zeigten, verstörte ihn sehr.

Augustinus wagte sich denkend in Widersprüche vor, zeigte sich als leidenschaftlicher Gottsucher und spürte auch die Widersprüchlichkeit seiner selbst. Er suchte nach einer verlässlichen, glaubwürdigen Autorität. Die einzige dauerhafte Bindung ging er ein, indem er sich zur katholischen Kirche bekannte. Diese Institution, die gleichsam auf Gott gegründet war, garantierte Stabilität. Er vermochte sich zu ordnen, sich zu beherrschen. Augustinus war ein Bekehrer und Bekenner, ein Philosoph, dem die Philosophie nicht genügte, ein Theologe, der von philosophischen Reflexionen doch nicht lassen mochte. Erst die Theologie beantwortete seine Fragen. Vermutlich war Augustinus der begabteste Prediger unter den frühen Christen. Er blieb authentisch, auch als Bischof. Zuweilen zeigte er sich milde und großherzig, so hart seine moralischen Forderungen auch formuliert waren. Augustinus wird als gütig, weitsichtig und großmütig geschildert. Zeitlebens spürte er die Abgründe seiner Existenz, kannte die Facetten des Menschen ganz und gar. Die innerliche Zerrissenheit seiner selbst zeigte er so offen wie niemand vor ihm und kaum jemand nach ihm. Ohne Männer wie Augustinus wäre die Kirche nicht zu dem geworden, was sie noch heute ist. Obwohl es ihn nicht danach verlangte, war er sich gewiss, dass das Christentum fortbestehen würde, wenn es zu einer Macht dieser Welt geworden war.

Augustinus wusste, dass er als Bischof auch schmerzliche Entscheidungen treffen musste. Lieber hätte er über die Psalmen meditiert oder noch mehr Bücher geschrieben. Doch wenn die Donatisten Priester ermordeten, so setzte Augustinus nicht allein auf die Macht des Gebetes und den Wunsch nach Frieden. Er war entschlossen, diese Kirche, wenn nötig, mit allen Mitteln zu verteidigen und ihre Feinde zu verfolgen, um sie zu bekehren. Das war auch für die Gegner, und davon war Augustinus tief überzeugt, das Beste. Die Wissenschaften, etwa die Naturphilosophie, die auch im alten Rom nicht mehr allzu viel Beachtung gefunden hatte, betrachtete er interesselos. Er hielt sie für reine „curiositas". Wer beschäftigte sich schon mit der Welt der Natur, wenn das Ziel des menschlichen Lebens jenseits des Kosmos lag? Augustinus bekämpfte die alten Mythen, Götterkulte und abergläubischen Rituale und förderte jeden Aberglauben, der die Stellung der Kirche stärkte. Die Natur wurde gleichsam zur Spielwiese und zum Experimentierfeld des allmächtigen Gottes, dessen Wege unergründlich blieben – oder warum sonst sollte ein in Karthago verschiedener Pfau nicht verwesen? Augustinus berichtete lebhaft davon. Bezweifelte jemand auch nur ganz leise die Existenz der Hölle, so verwies Augustinus auf die Vulkane, denn dort war ein kontinuierliches Verbrennen sichtbar, das die Gestalt der Berge nahezu unverändert ließ.

Rund achthundert Jahre später werden sich die Dominikaner und Franziskaner auf Augustinus beziehen, wenngleich sie sich in zunehmendem Maße der antiken Philosophie zuwenden. Doch die Stellung und den Rang, den das Denken des Kirchenvaters einnimmt, mag veranschaulichen, dass dieser rätselhafte, widersprüchliche Mensch, an der Wegscheide zwischen Antike und Mittelalter stehend, einer der prägenden, einflussreichsten Philosophen des Abendlandes war.

Boethius

Ganz anders temperiert als Augustinus war der um 480 in Rom geborene Anicius Manlius Boethius, auch er ein Christ, vornehmer Herkunft und außerordentlich gebildet. Er verfügte über ausgezeichnete Kenntnisse der griechischen Sprache, beherrschte die logische Argumentation ebenso wie alle nur denkbaren Ausdrucksformen in Prosa und Lyrik und war auch im politischen Bereich ausgesprochen versiert. Kaiser Theoderich erkannte die Begabung des jungen Römers und betraute ihn sehr früh mit wissenschaftlichen Tätigkeiten. Boethius las Platon und Aristoteles. Er bemühte sich, dass die Bildung in Rom wieder das alte Niveau erreichte, ja dass die geistige Führung durch eine neue Rezeption der antiken Philosophie übernommen werden könne. So versuchte er, die vorhandenen Schriften ins Lateinische zu übersetzen. Besonders suchte er nach Gemeinsamkeiten zwischen Platon und Aristoteles und war überzeugt, dass das Verbindende stärker sei als das Trennende. Inhaltliche Differenzen erkannte er wohl, versuchte aber, ausgeprägt pädagogisch orientiert, eine grundsätzliche Harmonie zwischen unterschiedlichen Positionen aufzuzeigen. Vor dem Philosophieunterricht wurden methodische Grundkenntnisse vermittelt. Boethius selbst wählte den Ausdruck „quadrivium“ – Arithmetik, Musik, Geometrie und Astronomie – als Bezeichnung für die grundlegenden „artes liberales“, für die „freien Künste“.

Boethius erkannte, dass durch die Völkerwanderung eine ganz neue historische Situation eingetreten war. Er suchte nach neuen Wegen der Wissensvermittlung, beschränkte sich oft auf

Elementares und wollte die Grundpositionen der Philosophie vermitteln. Sein Werk trägt unverkennbar eklektizistische und synkretistische Züge. Boethius suchte nach tragfähigen Konzepten, eine Synthese aus Glauben und Vernunft zu formen, orientiert sich an logischen Prinzipien und vertraut auf eine vernunftorientierte Schlussweise in der Theologie. Um dies zu erreichen, müssten „ratio" und „auctoritas", letzthin also natürliche Vernunft und kirchliches Lehramt, im Einklang miteinander stehen. 510 wurde Boethius „consul sine collega", also alleiniger Konsul. Im Jahr 522 erreichte er als „magister officiorum" den höchsten Rang im Staatsdienst. Er legte Wert auf Eigenständigkeit und erwies sich als nur bedingt anpassungsfähig. In politischen Auseinandersetzungen ergriff er Partei für den Senat. Theoderich suspendierte Boethius und ließ ihn einkerkern. Verteidigen konnte er sich nicht. In der Haft verfasste Boethius die berühmt gewordene Schrift „Trost der Philosophie". Zwischen 524 und 526 wurde der ehemalige Günstling auf Geheiß des Kaisers hingerichtet.

Der Weg der Seele zu Gott

Die literarischen Qualitäten, die Boethius' Traktat „Trost der Philosophie" aufweisen, waren dem Fortwirken seiner philosophischen Zugangsweise zu einer beherrschenden Problematik der Spätantike weit über diese Zeit hinaus ausgesprochen dienlich. Ähnlich wie Augustinus beschäftigt auch ihn die Frage, auf welchem Weg der Mensch zu Gott gelangt. Nicht die Abhängigkeit von der Gnade des allmächtigen Gottes bildet das Zentrum der philosophisch-theologischen Darlegung, sondern, neuplatonisch inspiriert, die rationale Orientierung weist den Weg für die Seele in die Transzendenz, die mit dem Leib verbunden ist und sich von diesem wiederum lösen wird. So besehen handelt es sich hier auch um die Geschichte eines Verfalls.

Boethius verweist auf eine Präexistenz der Seelen, die zunächst körperlos sind. Die temporäre Einheit von Leib und Seele begreift er als reversible Entartung. In der Schrift begegnen uns zahlreiche Anklänge an Platons „Höhlengleichnis". Ein Einzelner, Boethius selbst, befindet sich als Gefesselter im Kerker in einer wahrhaft trostlosen Situation. Er kann nicht entrinnen und erwartet den unausweichlichen Tod. Auf einer zweiten Ebene erfahren wir, dass seine Seele ebenso eingekerkert ist, nämlich in den Leib. Der Gefangene als Person gelangt nie wieder in die Freiheit zurück. Doch die Seele vermag sich zu erinnern und aus der Zwingburg des Körpers zu Gott hin aufzusteigen. Der Tod wird zu einer Befreiung für die Seele. Ein Gefangener mag lebhaft über sein Los klagen, dass er sterben müsse – doch Boethius weckt das Bewusstsein für die gefangene, gefesselte Seele, die den Körper nicht verlassen kann, selbst wenn sie es wollte. Der menschliche Intellekt, der sich soviel auf sein Vermögen einbildet, lässt sich täuschen. Die Herrschaft der Affekte macht Boethius sichtbar und, um den Weg zur Transzendenz zu finden, fordert er, sich von diesen Mächten zu befreien, damit der Seele Raum und Kraft geschenkt werden kann. Der Mensch jedoch ist der Begierde verfallen. Boethius nennt sie die „äußerste Knechtschaft". Das Begehren entfremdet den Menschen seiner eigentlichen Bestimmung. Er orientiert sich an Abbildern und ist eingebunden in eine Welt voller Schatten, getäuscht, irritiert, verzweifelt und verwirrt. Dabei möchte er nichts lieber als die Wahrheit erkennen und glücklich sein.

Welcher Weg führt dorthin? Nicht die Erlösung eines gnädigen Gottes nimmt nun ihren Ausgang, sondern die Philosophie erscheint in allegorischer Gestalt und fordert Boethius auf, sich geistig umzuwenden. Diese Neuausrichtung ist keine religiös motivierte Bekehrung, sondern der Anfang eines Weges der Erkenntnis. Probleme und Schwierigkeiten vieler Art bestehen, denn „die Menschen können ihre Augen, die an die Finsternis gewöhnt sind, nicht zu dem Licht klarer Wahrheit erheben". Die Seele erfährt sich als fremd und heimatlos. Woher stammt sie, wohin geht sie? Für Boethius kann die Seele des Menschen nicht in dieser Welt entstanden sein. In der Tradition neuplatonischer Philosophie sieht er die erfahrene Vielheit, die an das Eine gebunden ist.

Somit wächst der Mensch nicht vom Niederen zum Höheren empor. Er mag zwar erkennen, aber doch das Gute, zu dem er eine Bindung verspürt, sich selbst nicht erschaffen. Boethius schreibt: „Die Natur nimmt nicht ihren Ausgang vom Geringeren und Unvollkommenen; sondern vom Vollständigen und Vollkommenen ausgehend, verfällt sie bis zum Letzten und Erschöpftesten." In der Vielheit der Welt, in der Zerstreuung diagnostiziert Boethius eine Abkehr vom Einen, vom Guten, auch von dem „Einen", das „König" ist. Das Gute ist stets das Eine, das Einfache. Der Mensch fügt die Komplikationen hinzu, sorgt für Irrtümer und ignoriert das leitende Prinzip. Alles Seiende, alle Einheit wird nicht von einer Vielzahl von Leitsätzen oder einer Vielheit von zum Teil vielleicht sogar divergierenden Gesetzen gelenkt. Stets findet sich eine innere Ordnung, ein identitätsstiftendes Strukturprinzip. Alle Menschen suchen nach einem Ziel, nach der Glückseligkeit, und wünschen die Bindung an dieses Eine, an Gott.

Für Boethius besteht eine innere Verwobenheit zwischen dem Einen und dem, was „innen" ist, mit dem, was die seelische Substanz des Menschen ausmacht. Die Beliebigkeit und Zerstreuung findet sich in der Außenwelt. Diese bietet weder verlässliche Orientierung in dieser Welt noch weist sie einen Weg zum Guten hin. Die Glückseligkeit lässt sich demgemäß nur auf der Wendung zum Inneren des Menschen finden. Sucht er das Glück draußen, so wird er es nie finden und selbst in Verwirrung geraten. Im Glauben, das Gute zu finden, schweift er ziellos umher. Nach Wahrheit streben, bedeutet, sich dem eigenen Selbst zuzuwenden und sich philosophisch zu unterweisen: „Was draußen der Geist gesucht, besitzt er längst beschlossen in ureigenem Schatz." Die „Wolke der Unwissenheit" liegt über uns. Die Seele muss neu lernen, sich dem „Licht der höchsten Wahrheit" zuzuwenden. Philosophische Erkenntnis lässt die Augen aufgehen, deren Sicht von der „Umwölkung durch die sterblichen Dinge" beeinträchtigt wird. Die Seele möchte die „Quelle des Guten" wiederentdecken und strebt ihrem Ursprung entgegen.

Warum die Seele mit dem Leib verbunden wurde, erklärt Boethius nicht. Aber selbst der gröbste Irrtum verdrängt nicht das „Samenkorn der Wahrheit" im Menschen. Wenn die Seele sich den Begierden ergeben hat, von Laster zu Laster eilt, der Genusssucht erlegen ist, vernunftlos existiert, vermag die Philosophie sich nun dieses „Samenkornes" zu bedienen und die Leidenschaft für die Wahrheit neu entzünden. Auf diesem Weg gelangt die Seele zurück in ihre Heimat, hinaus aus dieser Welt. Zum Guten heimzukehren vermag die Seele nach dem Tod. Dann wird sie, ihre irdischen Bindungen abstreifend, zum „Licht der höchsten Wahrheit" zurückkehren und in den Horizont der Freiheit treten. Im Kerker des Leibes hatte die Seele ihre Freiheit eingebüßt. Sie stand unter der schicksalhaften Vorherbestimmung der vergänglichen Dinge, entsprechend dem göttlichen Gesetz. Doch Gott führt die Seele zurück in den Ursprung. Der Mensch entscheidet aber selbst, ob er sich am Höheren ausrichtet und versucht, diesem Guten in sich Raum zu schenken oder ob er das Schlechte wählt, sozusagen sein Niveau absichtsvoll unterschreitet und degeneriert: „So kommt es, dass derjenige, der die Tugend verlässt, aufhört, Mensch zu sein; da er nicht zum Götterstande überzugehen vermag, verwandelt er sich zum Tier." Mithilfe der Philosophie vermag es dem Menschen zu gelingen, sich über die Erkenntnis des eigenen Selbst an den Ursprung der Seele zu erinnern, sich dem Einen, sich Gott zuzuwenden und diesem ähnlich zu werden.

Pseudo-Dionysius Areopagita

Wer war Pseudo-Dionysius Areopagita? Bis heute ist ungeklärt, wer der Denker, der sich als Schüler des Paulus und erster Bischof von Athen ausgegeben hat, wirklich war. So erhielt Dionysius Areopagita die Bezeichnung „Pseudo". In der Renaissance wurden die Fälschungen erkannt. Dies schmälert aber nicht den Wert der Betrachtungen des vermeintlichen Areopagiten. Wir kennen bis heute nicht den Namen des Philosophen, der wirkungsmächtige Abhandlungen verfasste, die die mittelalterliche Philosophie außerordentlich stark beeinflusst haben, denn vermutlich ist bei keinem anderen Denker jener Zeit die Verbindung von Neuplatonismus und christlichem Denken so ausgeprägt und sicher gegründet wie bei ihm.

Die Schriften, die Pseudo-Dionysius verfasste, entstanden vermutlich Ende des fünften oder Anfang des sechsten Jahrhunderts. Überliefert sind die Abhandlungen „Über die göttlichen Namen", „Von der himmlischen Hierarchie", „Von der kirchlichen Hierarchie" und „Von der mystischen Theologie". Besonders die mystischen Dimensionen seines Schrifttums, eine christlich konturierte Rezeption neuplatonischen Gedankengutes, fanden regen Anklang. Das religiöse Bewusstsein vieler Menschen begnügte sich nicht mit einer rituellen Einfügung in das System kirchlicher Dogmatik. Auch die positive Theologie, die den Himmel genau zu beschreiben wusste, blieb intellektuell und spirituell unbefriedigend. Die Sehnsucht nach Gott reichte über das Sagbare hinaus.

Inwieweit lässt sich der eigentlich unaussprechliche Grund der Welt dennoch mit Worten erfassen? Für Pseudo-Dionysius ist Gott der Verborgene, zugleich Quelle des Seienden, der „Allnamige", aber auch der Namenlose. Die Kluft zwischen Mensch und Gott wird durch eine in drei Abstufungen vorfindliche „himmlische Hierarchie" überbrückt, beginnend mit den Seraphim und Cherubim über die Erzengel bis hin zu den einfachen Engeln. Eine Entsprechung findet sich in der „kirchlichen Hierarchie", in der Differenz zwischen dem geweihten Priester, der die Feier der heiligen Geheimnisse „in personam Christi" vollzieht, den Mönchen und den einfachen Gläubigen.

Pseudo-Dionysius entwickelte eine negative Theologie. Durch die Erfüllung, die der göttliche „Logos" gewährt, gelangt der Mensch über Reinigung seiner Seele zur inneren Erleuchtung, schließlich zur Weihung, wird gottähnlich und schließlich in umfassendem Sinne vergöttlicht. Seiner Auffassung nach erschuf Gott die Welt, um in sie einzugehen, um sie auszufüllen und sich gleichsam in sie zu ergießen. Wie die Sonne die Welt mit Licht durchflutet, erscheint Gott als Quelle allen Seins. Dieser Gott ist ganz anders als die uns ersichtlichen und einleuchtenden Prädikate. Wir können Bestimmungen über Gott festsetzen, aber die unerkennbare Wirklichkeit Gottes übersteigt sie. Diesem Urgrund oder Urquell nachgeordnet sind eine Schar von Engeln. Als Medium fungiert Christus, der weniger personalisiert als geschichtliche Gestalt verstanden, sondern als fleischgewordener „Logos" seinsüberschreitend-metaphysisch gedeutet wird. Die Menschen verfügen über Aufgaben. Primär geht es nicht um kontemplatives Dasein oder um mystische Schau. Die Teilhabe des Menschen am höchsten Sein Gottes führt zu konkreten Erwartungen. Die Menschen sollen Gutes tun und aus ihrem Glauben heraus arbeiten. Nicht eine introspektivische Selbstfindung wird gefordert, sondern, recht verstanden, ist der gläubige Christ ein tätiger Mensch. Die Individuen empfangen das göttliche Licht. Diese Gabe, dieses Geschenk sollen sie nicht für sich behalten, sondern ihren Mitmenschen weiterreichen.

Der Areopagit führt hier auf subtile Weise ein Ordnungsprinzip ein. Sowohl im Himmel wie auch in der Kirche bestehen Hierarchien. Eine Hierarchie ist eine „geheiligte Ordnung“. Die Kirche wird ihrem Auftrag gerecht, wenn sie die himmlische Rangfolge abzubilden und in diese Welt zu übertragen weiß. Sie gibt dann ein Beispiel für den Himmel, ein sichtbares Zeichen für das Wirken des verborgenen Gottes in der Welt und für die Sphäre der Transzendenz, welche die eigentliche Bestimmung des Menschen ist. Natürlich lässt sich fragen, warum Gott sich verbirgt und warum er nicht deutlich äußert, was er von den Menschen erwartet. Die Hierarchie im Jenseits lässt sich allein, vermittelt durch die hier vorfindlichen Gegenstände, begreifen. Wer die Ordnung in dieser Welt erkennt, gelangt auf diesem Weg näher zu Gott. Ihm erschließt sich ein Stück Himmel. Denn wie die Kirche sich der Hierarchie des Himmels angleicht, so vermag auch der Mensch, der gleichsam diese lichtdurchflutete, von göttlichem Geist erfüllte irdische Hierarchie betrachtet, der Transzendenz geistig näher zu kommen. Die Kirche, die durch ihr bloßes Dasein ein Abbild des Himmels bietet, hilft dem Menschen auf seinem Weg zu Gott.

In der Schrift „Über die göttlichen Namen“ werden die Grundzüge der negativen Theologie ausgearbeitet. Gegeben sind uns einzig die Namen Gottes aus der Bibel. Zugleich muss bedacht werden, dass es Differenzen gibt zwischen einem Menschen, der als „der Gerechte“ bezeichnet wird, und Gott, der diese Benennung auch trägt. Unzulänglich ist die Sprache, wenn wir uns bemühen, das Wesen Gottes zu erfassen. Gott ist wesenhaft überseiend. Somit kann er nicht benannt oder bestimmt werden. Er befindet sich in einer uns unzugänglichen Sphäre. Wir können über ihn nur negative Aussagen treffen. Als Urgrund wird Gott aufgefasst, aber er soll, so der Areopagit, nicht durch sämtliche Eigenschaften des Seienden, die aus ihm stammen, bestimmt werden, ebenso wenig über weitere in ihm verborgene, von denen wir darum nichts sagen können, sondern durch die Negation aller möglichen Eigenschaften.

Der Urgrund steht außerhalb aller Kategorien unseres Erkennens. Wir können ihn weder mit unserem Denken noch mit den Begriffen, die wir bilden, fassen: „Er ist nichts von dem, was dem Nichtsein angehört, aber auch nichts von dem, was dem Sein angehören könnte." Gott befindet sich in einem Stadium vollkommener Transzendenz. Dieser Gott kann naturgemäß nicht von Menschen erkannt werden, aber er selbst kann auch nichts in der Welt des Menschen erkennen, mehr noch, er weiß nichts von dieser Welt, nichts vom Menschen.

Diese Widersprüchlichkeit einer dunklen Mystik versucht der Areopagit mit verschiedenen Begriffen zu erklären. Gott sei einem dunklen Licht, einem lauten Schweigen ähnlich, ohne dass er freilich sagen könne, dass der verborgene, gestaltlose Gott mit solchen Eigenschaften auch nur annähernd erfasst oder beschrieben werden kann. Der mystische Weg muss in einem tiefen Schweigen enden. Die Wahrheit dieses Gottes lässt sich nicht fassen, und auch die Mystik, die hier entfaltet wird, bleibt Auserwählten vorbehalten. Die Bilder in den Kirchen erzählen die Geschichte einer Wahrheit, die das Fassungsvermögen jedes menschlichen Wesens übersteigt.

Doch auch wenn Gott in einem lichtvollen Dunkel wohnt, in unerreichbarer Ferne sich befindet, mit dem Verstand nicht zu fassen ist, so vermag der Mensch dennoch mit ihm mystisch eins zu werden, in einer Weise, die mit den Mitteln der Rationalität nicht einmal andeutungsweise begriffen werden kann. Vorteilhaft ist die Empfänglichkeit für die sichtbare Schönheit in der Welt. Das Göttliche ist schön, es erscheint als Abbild in der sichtbaren Ordnung der Kirche. Wer dieser angehört und ein besonderes Amt trägt, gibt einen Widerschein des göttlichen Lichtes. Der Priester soll als Vorbild wirken. Er ist vom Irdischen gereinigt. So vermag er auf ganz persönliche Weise, entsprechend seinem Rang in der Seinsordnung, die Wirklichkeit Gottes auszustrahlen.

Pseudo-Dionysius sieht also hierarchische Unterschiede. Nicht alle Menschen vermögen das göttliche Licht in sich in gleicher Weise zu empfangen und zu vermitteln. Darum besteht in der Kirche eine Hierarchie, die, so können wir folgern, nicht nach persönlichen Machtansprüchen, sondern nach dem Grade der Gottnähe begründet ist. So lassen sich auch die Unterschiede zwischen den geweihten Amtsträgern und den einfachen Christen erklären. Es entspricht nicht menschlichen Gesetzmäßigkeiten, sondern ist der jeweiligen Empfänglichkeit für das göttliche Licht nach geordnet. Somit bestehen berechtigte Rangfolgen. Nicht jeder ist befähigt, der Kirche und damit Gott an herausgehobener Position zu dienen, aber ein jeder Mensch findet den ihm zukommenden Platz. Die Kirche verweist auf die Hierarchie des Himmels. Veranschaulicht wird dies durch ihre Struktur, aber auch durch Symbole. Den Sakramenten kommt eine besondere Funktion zu, denn sie verknüpfen Himmel und Erde, die Hierarchie des Jenseits mit der Hierarchie der Kirche. Wer an ihnen partizipiert, bekommt bereits einen Vorgeschmack der göttlichen Wahrheit, die er erst im Himmel unverstellt zu schauen vermag.

Bemerkenswert erscheint weiterhin die hier entfaltete Theorie des Bösen. Aus Gott kann nur Gutes hervorgehen. So besehen existiert das Böse nur als Privation des Guten oder auch des Seins. Pseudo-Dionysius weist jegliche Leibfeindlichkeit zurück. Nicht der Körper, nicht die Materie ist böse, der böse Mensch verfügt über einen unabweisbaren Mangel des Guten. Eine solche Haltung lässt sich korrigieren. Der Mensch kann gut handeln, kann gut sein. Er muss seine Fehler erkennen und sich eingestehen – oder sie müssen ihm, etwa durch die Kirche, aufgezeigt werden.

Johannes Eriugena

Johannes Eriugena war eine Gestalt des neunten Jahrhunderts. Er lebte etwa von 810 bis 877. Lange Jahre wirkte er als Leiter der Schule am Pariser Hof und übersetzte die Schriften des Pseudo-Dionysius ins Lateinische. Karl der Kahle hatte ihn aufgrund seiner überragenden Griechischkenntnisse hierzu beauftragt. Eigenständig publizierte der Denker Abhandlungen zur Naturphilosophie und über das Problem der Prädestination.

Johannes Eriugena, dessen Schriften zeitweilig als ketzerisch verurteilt und verbrannt wurden, plädierte für die Autorität der Vernunft. Geprägt war er vom Denken des Areopagiten, aber auch von Augustinus. Er beharrte darauf, dass strittige Fragen durch die „Kraft der Vernunft" zu entscheiden seien. Ein verlässlicheres Vermögen als die menschliche Vernunft gebe es nicht, um Wahrheit zu entdecken. Die Vernunft und mit ihr die Philosophie entstammen nach der Lehre des Johannes Eriugena der göttlichen Weisheit. Die wahre Philosophie und die wahre Religion sind miteinander identisch. Aufgrund ihrer unterschiedlichen Begabung können nicht alle Menschen alles verstehen. Der Gelehrte und Weise verfügt über einen uneinholbaren Vorsprung an Erkenntnis, die dem Einfältigen sein ganzes Leben hindurch verschlossen bleibt. Viele Momente der Bibel, die Johannes Eriugena als festgegründete Autorität anerkennt, haben indessen für ihn nur symbolischen Charakter. Er zählt etwa die Wundererzählungen dazu, die Berichte vom Paradies, von der Himmelfahrt Christi und die Vision des Jüngsten Gerichtes. So ist es nicht verwunderlich, dass die Schriften des Philosophen, da sie der kirchlichen Dogmatik zuwiderliefen, sehr umstritten waren. Johannes Eriugena bemühte sich um wissenschaftliche Ernsthaftigkeit und war bestrebt, die Vernunft als wahrhaft taugliches Vermögen zur Welterkenntnis zu restituieren. Dass auf diese Weise das kirchliche Lehramt geschwächt wurde, bekümmerte ihn nicht.

Die Ausrichtung auf die christlich-neuplatonische Mystik, wie sie Pseudo-Dionysius vermittelt hatte, verbindet sich bei Johannes Eriugena mit Begriffen, die an Aristoteles' Philosophie erinnern. So taucht etwa das erste Prinzip, das „unbewegt Bewegende", in seinem Schrifttum auf. Der mystische Weg nimmt seinen Ausgang mit der Versenkung in die Tiefe des Urquells allen Seins. Dieser wird als ungeschaffen und doch schaffend bestimmt, ein Nichts ohne jedes Attribut, das sich selbst nicht kennt, und ein Bewusstsein seiner selbst durch die Geschöpfe, die zugleich schaffende Wesen sind, gewinnt. Aus diesem Urquell gehen die Ideen hervor. Die Gesamtheit der Ideen wird durch den „Logos" ausgedrückt. Der Heilige Geist, die liebende Schöpferkraft Gottes, bewirkt den Eingang der Ideen in die Welt der Gegenstände. In einem jeglichen Ding sind die Spuren Gottes gegenwärtig. Die Gegenstände existieren nur, wenn sie erkannt werden. Das Sehen gilt ihm mehr als das Gesehene.

Wenn schon ein Baum oder ein Felsbrocken sozusagen das Siegel Gottes trägt, wie ist es dann erst um den Menschen bestellt? Nach Johannes Eriugena offenbart sich Gott in uns. Das Leben des Menschen ist also nichts als ein Erscheinen Gottes in der jeweiligen Person, die dennoch frei zu entscheiden und zu handeln vermag, sich darum auch der Verfehlung schuldig macht. Aber der Mensch kann seine Schuld eingestehen und eine andere Art zu leben wählen, gemäß den Geboten Gottes.

Aus dem göttlichen „Logos" ist alles hervorgegangen. Die Vielheit kehrt letzthin in das Eine zurück, fällt in Gott zusammen und wird der göttlichen Ruhe der Ewigkeit zugeführt. Alles, was aus dem Urquell geflossen ist, mündet wieder in diesen.

Der Anfang bildet das Ziel. Die Natur, die Schöpfung, beginnt in Gott und kehrt zu ihm, dem Urquell, zurück.

In seiner Zeit wurde Johannes Eriugena verkannt, von der Kirche wurde er alsbald als Häretiker verurteilt, weil er bedenkenlos und voller Absicht die Autorität der Vernunft über die Autorität des kirchlichen Lehramts stellte.

II. Philosophie und Theologie in der Zeit vom 8. bis zum 12. Jahrhundert

Maßgebliche Impulse erhält die von Klerikern und Ordensleuten dominierte mittelalterliche Philosophie durch arabische und jüdische Gelehrte, die zumeist als Mediziner tätig waren. Deren bestimmender Einfluss verleiht ihr ihre eigentliche Prägung. Die Wiederaufnahme der griechischen Philosophie, insbesondere des Aristotelismus, einte die drei abrahamitischen Religionen. Wie zu keiner anderen Zeit in der Geschichte bestand in dieser Epoche das Bewusstsein eines gemeinsamen Ursprunges, der sich mit reflexiver Vernunft weder erschließen noch von dieser ableiten lässt. Die Orientierung an dem transzendenten Gott, der sich auf verschiedene Weise offenbart hat, verbindet die abrahamitischen, monotheistischen Religionen auf verborgene Weise. Die Beziehung und Abhängigkeit, aber auch die offenbar grundlegende, unabweisbare Differenz von Glauben und Wissen, die stets aufs Neue theoretisch erwogen und philosophisch vertieft werden musste, veranschaulicht das religionsübergreifende Thema, das von Denkern aller Glaubensgemeinschaften wieder und wieder reflektiert wurde.

Der Blick wurde auf die Welt gerichtet, die Deutung des Geschehens, Probleme der Erkenntnis und der Ethik erfolgten aus philosophischer und aus theologischer Perspektive. Als Chance zur Bewährung und als Herausforderung des lateinischen Westens erwies sich die neu entdeckte Philosophie des Aristoteles, die eine schlüssige, in sich stimmige Deutung der Wirklichkeit ohne Gott offerierte. Mit der Philosophie des Aristoteles waren arabische Philosophen bereits um 1000 vertraut, während in der christlichen Hemisphäre bis etwa ins Jahr 1200 nur Passagen der Logik bekannt waren. Zu bedenken ist weiterhin, dass die Philosophen im Islam, im Judentum und im Christentum sich zunächst als aufrichtig gläubige Menschen verstanden, die den Primat der Religion vor der Wissenschaft nie in Abrede stellten und nach einer Apologetik des Glaubens, aber auch verstärkt nach einer tragfähigen Synthese von Philosophie und Theologie suchten.

Von Al-Farabi bis Averroes

Aristoteles wurde in der islamischen Theologie ehrfürchtig als „Erster Lehrer" tituliert. Entsprechend verfügte er über eine Reihe von Schülern, über verspätete Aristoteliker, die die epochale Relevanz des griechischen Philosophen auch im zehnten Jahrhundert wesentlich durch ihr geistiges Schaffen bezeugten. Zu diesen gehörte Al-Farabi, der nicht nur aristotelische Gedanken rezipierte und sich diese aneignete, sondern auch in der enzyklopädischen Gelehrsamkeit dem vielbeachteten und bewunderten Vorbild gleichzukommen schien. Al-Farabi erkannte die Notwendigkeit, philosophische und theologische Fragen miteinander zu verbinden, bestehende Widersprüche aufzulösen und zu zeigen, dass die menschliche Vernunft der göttlichen Offenbarung nicht entgegenstand. Dies war ein ehrgeiziges, aus religiöser Sicht auch ehrenwertes, aber doch zum Scheitern verurteiltes Vorhaben, da die gewaltsame Harmonisierung grundlegend divergenter Auffassungen nur misslingen konnte.

Für den islamischen Theologen war die Überzeugung von einer aus dem Nichts durch Gott geschaffenen Welt unbestreitbar, was der griechischen Philosophie, insbesondere dem aristotelischen Denken, grundsätzlich entgegenstand. Bekannt ist Al-Farabi für seine Intellekt-Lehre. Wie lässt sich der Bezug zwischen Gott und der Welt am treffendsten deuten und beschreiben? Geistesgeschichtlich verwandt mit der von Al-Farabi entwickelten Theorie ist die neuplatonische Philosophie. Gott wird als mit dem Einen identisch gedacht. Aus diesem geht der „erste Intellekt“ mit Notwendigkeit hervor. Der erste Himmel wird nun bewegt, und zwar von dem „ersten Intellekt“, welcher die Quelle für den „zweiten Intellekt“ bildet. Über die Gestirne, die als beseelt gedacht wurden, folgt daraus mit innerer Notwendigkeit die Entwicklung weiterer Intelligenzformen. Der zehnte Intellekt, der Endpunkt dieses Prozesses, steuert den Zirkel des Werdens und Vergehens. Als „intellectus agens“ ermöglicht er dem Menschen, erkennend tätig zu sein. Vermittels des Intellekts versucht der Mensch, sich erkennend dem Göttlichen zu nähern. Somit liegt die Bezogenheit auf das Eine in dem intellektuellen Vermögen, das Al-Farabi in resonanzvoller Aneignung der Abhandlung „Über die Seele“ von Aristoteles aufgreift. Es besteht eine Rangordnung unterschiedlicher Kräfte des Intellekts. Die unterste Stufe bildet die Möglichkeit, der potenzielle Intellekt. Daran schließt sich die Realisierung an. Al-Farabi spricht von einem verwirklichten Intellekt. Über diesem steht der erworbene, und an der Spitze der hierarchischen Struktur findet sich sodann der tätige Intellekt.

Wieder erkennen wir den deutlichen Bezug zur aristotelischen Philosophie, wird doch in dieser der Mensch ausdrucksvoll als ein tätiges, handelndes Wesen bestimmt, das sich kraft seiner Vernunft in der Welt orientiert. Die erstaunliche Schlussfolgerung, die Al-Farabi zieht, liegt in der Synthese aus aristotelischer und neuplatonischer Philosophie. Er begreift den Menschen in aristotelischem Sinne, geleitet vom tätigen Intellekt, der sich durch diesen auf verschiedenen Schritten der Erkenntnis dem Einen erkennend annähert. Über dem gesamten Dasein des Menschen scheint das übernatürliche Licht des Einen auf, mit welchem der Mensch innerlich verwandt ist. Auf dieses

Licht vermag sich der Mensch erkennend zu beziehen. Als handelndes Wesen in der Welt besteht eine Gebundenheit an die metaphysische Dimension des Seins, die sogleich als Ziel des innerweltlichen Strebens gedeutet wird. Durch die Bindung an das Eine gewinnt der tätige Intellekt des Menschen seine Orientierung und Führung. Der Erwerb eines beseligenden Glücks in diesem Leben ist untrennbar mit der Ausrichtung auf das Eine, der Quelle allen Seins, verknüpft. Ohne es eigentlich zu wollen, vermochte der „Zweite Lehrer" Al-Farabi auf diese Weise der aristotelischen Philosophie neues Gewicht zu verleihen, da sein Bemühen auf eine Synthese des griechischen Denkens ausgerichtet war.

Ungleich berühmter als Al-Farabi war der vermutlich einflussreichste Philosoph des Islams, der „Dritte Lehrer" oder auch der „Dritte Aristoteles", der den Namen Ibn Sina trug und uns heute als Avicenna bekannt ist. Dieser Philosoph wurde 980 in der Stadt Afsana in Turkestan geboren und starb 1037 in Persien. Ähnlich wie Aristoteles verfügte Avicenna über ein umfassendes Wissen in zahlreichen Bereichen der Erkenntnis. Er verfasste eine gehaltvolle philosophische Theorie des Menschen. Die differenzierte Anthropologie beruht auf einem für seine Zeit profunden medizinischen Wissen, bleibt aber, wenn Avicenna Leib und Seele als zwei Substanzen annimmt, auch an neuplatonische Vorstellungen gebunden. Gleichwohl erfährt der Körper eine besondere Wertschätzung, die sich den aristotelischen Einflüssen verdankt. Die Seele des Menschen wird als innere Form und bewegendes Prinzip aufgefasst. Der Philosoph nimmt zehn Sinne an, fünf äußere und fünf innere. Die äußeren Sinne sind bewegende, die inneren erkenntnisgeleitete Vermögen.

Über Al-Farabi lernte Avicenna die aristotelische Philosophie kennen. Besondere Affinität verspürte er zur Metaphysik. Trotz seiner Prägung durch den „Zweiten Lehrer" gelangte Avicenna zu eigenständigen Deutungen. In der Metaphysik stellt sich die Frage nach dem Sein, das aus sich selbst heraus notwendig ist. Dieses benennt Avicenna als Gott. Bei diesem sind Sein und Wesen identisch. Gott existiert ohne äußere Ursache, das Seiende in der Welt verfügt hingegen stets über eine solche. Darum ist auch jedes einzelne Seiende vom Wesen verschieden. Aus dem Sein, also aus dem göttlichen Urgrund geht das Seiende hervor und kehrt in diesen zurück. Dieser ewige Prozess der Emanation besteht mit Notwendigkeit.

Wie entsteht aus der Einheit Vielheit? Ist es überhaupt möglich, dass aus dem Einen die Mannigfaltigkeit des Seins hervorgehen kann? Die Lösung dieses Problems liegt für Avicenna in dem ersten, abgeleitet hervorgegangenen Einen. Aus dem Einen emaniert zunächst nur ein anderes Eines. Dieses Eine aber trägt die Vielheit in sich. Nicht aus dem Einen als Ursprung, wohl aber aus dem ersten Seienden, das als erste Intelligenz reiner Geist ist, vermag sich die Vielheit zu bilden. Die Intelligenzen, die aus dieser Ersten, aus dem Einen emanierten Intelligenz wiederum folgen, erzeugen die Gestirne. Der „intellectus agens", der tätige Intellekt, von dem bereits Al-Farabi gesprochen hat, entsteht erst am Ende dieser Abfolge der Intelligenzen. Dieser Intellekt verleiht den Gegenständen den ihnen gemäßen Charakter, ihr Wesen. Die materielle Formung erfolgt. Mithilfe des Begriffs des Allgemeinen vermag der Mensch die Dinge erkennend zu erfassen. Der „tätige Intellekt" ist ein Vermögen, das alle Menschen verbindet. Ebenso wie Al-Farabi verweist Avicenna darauf, dass sich der Intellekt den Weg zurück in das Eine bahnt.

Die dezidiert philosophische Deutung sorgte für Widerspruch unter Vertretern der orthodoxen islamischen Theologie. Philosophische Probleme und Glaubensfragen schienen untrennbar miteinander verbunden. Logische Schlussfolgerungen führten zu vehementen Streitigkeiten, da sie der strengen theologischen

Lehre zuwiderliefen, etwa wenn dargelegt wurde, dass die Welt keinen Anfang hat. In den Auseinandersetzungen um die Lehren Avicennas wird ersichtlich, dass die Liberalität, die Vertreter islamischer Theologie dem philosophischen Denken zeitweilig zugestanden, allmählich einer entschlossenen Rechtgläubigkeit wich, die im spekulativen philosophischen Denken eine Gefahr für die Systematik der Theologie erkannte. Neben anderen versuchte Al-Ghazali im ausgehenden elften Jahrhundert die Inkohärenz philosophischer Systeme zu erweisen. Mittels der antiken Skepsis unternahm er es, den Glauben wider die Philosophie zu behaupten, stritt also um des Glaubens willen mit philosophischer Argumentation gegen Philosophen. Die Metaphysik wies er mit dem Argument zurück, dass es unmöglich sei, das Prinzip der Kausalität auf Bereiche anzuwenden, die sich menschlicher Erfahrung entzögen. Somit lässt sich nach Auffassung des Mystikers Al-Ghazali der Glaube rational nicht legitimieren, aber auch nicht widerlegen.

Averroes (Ibn Rushd) prägte die Philosophie des lateinischen Westens weitaus nachhaltiger als die geistige Welt des Islam. Er wurde 1126 in Cordoba geboren und starb 1198 in Marokko. Apologeten der orthodoxen Theologie bekämpften den Freigeist Averroes entschlossen, zumal dieser die Unsterblichkeit der menschlichen Seele für unbeweisbar hielt, wenngleich er diese Lehre ebenso wie die geoffenbarte Wahrheit der Aufstehung des Fleisches nicht bezweifelte. Die Seele ist die Form des Körpers. Wenn aber der Körper vergeht, wie sollte die Unsterblichkeit der Seele des Individuums belegbar oder theoretisch vorstellbar sein? Averroes nutzte den Begriff des „intellectus agens", des aktiven Intellekts, der als „intellectus universalis" besteht. Jeder Mensch hat an diesem „intellectus agens" teil, das Individuum aber vergeht. Der „intellectus agens" existiert weiterhin als „intellectus universalis". Somit lässt sich philosophisch schlussfolgern, dass das Menschengeschlecht unsterblich ist, nicht aber das Individuum.

Averroes hatte Rechtswissenschaft, Medizin und Theologie studiert. Er verfasste 21 Kommentare zu den Schriften des Aristoteles und richtete sich dezidiert gegen Al-Ghazali und dessen Kritik der Philosophie. In der scholastischen Philosophie wurde Averroes schlicht als der „Kommentator" bezeichnet. Den Auftrag, die Schriften des Aristoteles verständlich und weithin zugänglich zu machen, hatte er erfüllt. Soweit wie möglich, versuchte er in seinen Darlegungen, die neuplatonischen Einflüsse in den Kommentierungen und Betrachtungen seiner Vorgänger auszuschließen. Averroes entwickelte ein frühes philosophisches Bildungsprogramm der aristotelischen Lehre. So gelang es ihm, die wesentlichen Aspekte der Lehre zusammenzufassen, die Texte zu paraphrasieren und in einem letzten Schritt wichtige Abhandlungen vollständig zu deuten.

Gegen Al-Ghazali verfasste Averroes die Abhandlung „Die Inkohärenz der Inkohärenz". Al-Ghazali hatte behauptet, dass mit den Mitteln der Vernunft kein allgemeingültiges Wissen erworben werden kann. Theologie und Philosophie sollten dementsprechend streng voneinander geschieden sein. Averroes erwiderte, dass Al-Ghazali mit diesem grundsätzlichen skeptischen Einwand gerade den Anspruch auf Allgemeingültigkeit erhoben hatte. Die rigorose Zurückweisung der Vernunft durch Al-Ghazali war somit erschüttert. Sowohl die philosophische Spekulation, die Averroes durch den Koran legitimiert sah, als auch die allgemeine Unterweisung in Fragen der Religion hielt er für zulässig und notwendig. Beide Wege führten zu der einzigen Wahrheit Gottes, nur müssten die Menschen, die unterschiedlich begabt seien, auf verschiedene Weise geführt werden. Empfänglich für den philosophischen Weg zur Wahrheit sind nur wenige. Averroes riet, die unterschiedlichen Formen der Annäherung an die Wahrheit beizubehalten. Theologie und Philosophie sollten somit in gleicher Weise berechtigte Möglichkeiten sein, und ein jeder sollte den Weg wählen können, der seiner individuellen Begabung am besten entsprach.

In der Gestalt des Philosophen Aristoteles erkannte Averroes einen geistig vollendeten Menschen. Besonders bewunderte er dessen vielschichtiges Wissen und betrachtete ihn als Geschenk der „göttlichen Vorsehung", als ein Beispiel für alle Menschen, die an ihm lernen konnten, wie weit das menschliche Wissen reichen kann. Wie seine Vorgänger in der arabisch-islamischen Philosophie hielt auch Averroes an der Auffassung fest, dass es zwei Sphären gebe: die unvollkommene Welt des Vergänglichen, in der wir leben, und eine Welt des Ewigen über den Gestirnen. Form und Materie liegen bereits vor. Die Materie besteht ewig, in ihr sind die Formen als keimartige Substanz angelegt. Durch die Wirkung der höchsten Intelligenz, das ist Gott, gewinnen diese Formen ihre eigentümliche Gestalt. Gott ist der Schöpfer der Welt. Die Annahme von Zwischenstufen, repräsentiert durch höhere Intelligenzformen, weist Averroes nachdrücklich zurück. Gott vermag gewissermaßen als metaphysisches Prinzip Teil des physischen Weltgefüges zu sein. Leib und Seele sind bei dem Individuum miteinander verbunden. Unsterblich aber ist die Vernunft, der Geist, der allen Menschen eigen ist. Diesen Geist zu formen, ist eine vornehme und wichtige Aufgabe des Menschen in dieser Welt. Mittels der Erkenntnis gelingt auch die wahrhaft würdevolle Verehrung Gottes, denn dieser ist vollkommen, er kennt weder Bedürfnisse noch verfügt er über einen Willen. Man muss ihm also nicht schmeicheln, doch Respekt zu bekunden und Ehre zu erweisen durch die Erkenntnis seiner Werke hält Averroes für angemessen und wichtig.

Zwar besteht die Welt ewig, doch schließt dies nicht aus, dass Gott, nicht verursacht und zugleich der unbewegte Beweger, der Schöpfer ist. Die Schöpfung vollzieht sich zu jeder Zeit –

nicht aus dem Nichts, sondern prozesshaft innerhalb der ewig bestehenden Welt. Diese Ewigkeit hat Gott verursacht. Denkend versucht der Mensch, diese Ordnungsstruktur zu erfassen. Er vermag Materie und Form zu differenzieren, ebenso Möglichkeit und Wirklichkeit. Logisch schließend gelangt er, auf dem aristotelisch geprägten Denkweg des Averroes, zu einem ersten, nicht verursachten Prinzip, zu Gott, dessen Wesenskern zu entschlüsseln ihm nicht möglich ist, weil es das Denkvermögen des Geschöpfes übersteigt, die Motive und Eigenschaften des Schöpfers zu erschließen.

Jüdische Philosophie

Auch innerhalb des Judentums wird die Philosophie als nachrangig betrachtet. Das Denken verfügt nicht über einen Zweck in sich selbst. Wer philosophiert, versucht den Glauben mittels der Vernunft zu stärken. Zentrum der jüdischen Philosophie dieser Zeit ist die Metaphysik. Es bestehen Kontakte zur arabischen Philosophie, und auch die Kabbala findet Berücksichtigung. Neuplatonische Einflüsse sind feststellbar, ebenso Parallelen zur Gnosis. Das aristotelisch geprägte Denken der Araber bildet einen Gegenpol zu der mystisch anmutenden Geheimlehre. Etwa um das Jahr 1000 versuchte der Denker Saadja nachzuweisen, dass der jüdische Glaube der menschlichen Vernunft nicht widerstreitet. Im elften Jahrhundert lebte in Spanien Salomon Ibn Gabirol, auch unter dem Namen Avicebron bekannt. In seinem Hauptwerk „Die Quelle des Lebens" versucht er, jüdisches, aristotelisches und neuplatonisches Denken zu verbinden. Leitender Gedanke seines Traktats ist die Auffassung, dass ein göttlicher Wille, durch den die Welt erschaffen wurde, Gott und Mensch verbindet. Dieser Wille ist die Bewegungsursache der Welt. Avicebron hält das zweckfreie Streben nach

Erkenntnis für wesentlich. Jeder Mensch soll sich erforschen. Wer denkend nach Wahrheit strebt, gelangt zur ersten Ursache des Seins. Sich um die Erkenntnis Gottes zu bemühen, nicht nur auf dem Weg des Glaubens – das war für Avicebron entscheidend. In dieser besonderen Befähigung liegt die Würde des Menschen. Er ist begabt, seine Erkenntniskräfte zu benutzen, also darf er sie nicht verkümmern lassen. Die philosophischen Gedanken fanden im lateinischen Westen mehr Anklang als bei seinen Glaubensgenossen. Avicebrons Gedichte wurden im Judentum weithin geschätzt, denn sie waren gleichsam religiös gestimmt.

Wesentliches Merkmal der jüdischen Philosophie ist, dass nicht ein göttliches Gesetz oder ein abstraktes metaphysisches Prinzip vorausgesetzt wird, sondern der Glaube an das Dasein des personalen Gottes. Dieser eine Gott ist als Schöpfer der Welt Person und der Hüter der Moral. Die in Spanien lebenden jüdischen Gelehrten übersetzten die Werke der arabischen Denker und deren Übertragungen des Aristoteles ins Lateinische. Damit nahm die aristotelische Philosophie entscheidenden Einfluss auf die Scholastik.

Der bekannteste jüdische Philosoph des Mittelalters wurde 1135 in Cordoba geboren und lebte bis 1204. Moses Maimuni, latinisiert Maimonides, verfasste seine Werke in arabischer Sprache. Er wanderte nach Ägypten aus, arbeitete als Arzt in Kairo, wo sein Einfluss in der jüdischen Gemeinde mit den Jahren wuchs. Maimonides galt als der führende Denker der Juden in Ägypten. Zudem entfaltete er eine hohe politische Wirkung. Ohne mit dem Glauben zu brechen, vielmehr sich weiterhin zur Orthodoxie bekennend, bemühte sich Maimonides, die Vernunft besonders zu integrieren. Von den arabischen Denkern lernte er die aristotelische Philosophie kennen und schätzen. Platons Werke lehnte er ab, was auch an dessen bilderreicher Sprache lag. Maimonides unterstellte dem Schüler des Sokrates gedankliche Unschärfen. Averroes hielt er für bedeutsamer als Avicenna, vor allem aber rezipierte er die aristotelische Philosophie. Bedeutsame Fragestellungen bewegten Moses Maimonides: Lässt sich die Offenbarung Gottes auf rationale Weise erfassen und verstehen? Ist sie überhaupt in sich vernünftig? Wie verhält es sich mit religiösen Vorschriften? Muss der Gläubige der Autorität blind gehorchen? Oder darf und kann er sich um Einsicht bemühen und dementsprechend handeln? Den orthodoxen Theologen genügte der Glaube. Die Philosophie war verdächtig. Maimonides rechtfertigte sich, dass man nach vorne schauen müsse, und dies implizierte für ihn eine Synthese aus Religion und Philosophie. Wer sich nur ausschließlich auf die Tradition beruft, bleibt unter seinen Möglichkeiten.

Um die theologisch konnotierte „auctoritas“ und ihre Verbindung zur „ratio“ gründlich zu untersuchen, verfasste Moses Maimonides das Werk „Führer der Unschlüssigen“. Der Gläubige sollte die Vernunft akzeptieren – und wissenschaftlich denken und handeln dürfen. Das Vertrauen in die Vernunft und die Wissenschaft widerstreitet nicht dem Glauben. Wer philosophiert, vermag die Richtigkeit der Offenbarung mit den Mitteln des Denkens nachzuweisen. Der Differenz zwischen der Vorstellung, die Welt bestehe ewig, und der Setzung des Glaubens, sie sei durch den Willen Gottes aus dem Nichts entstanden, ist sich Maimonides bewusst. Philosophisch begründbar ist eine solche Aussage nicht. Dass Gott die Welt geschaffen hat, besagt der jüdische Glaube. Die These, sie sei ewig, lässt sich nicht beweisen. Das menschliche Denken ist an Grenzen gebunden. Treffen wir Aussagen, die darüber hinausgehen, ergibt sich ein nicht haltbarer Anspruch. Somit bleibt die Frage, ob die Welt ewig ist oder erschaffen wurde, philosophisch ungelöst. Ein solches vermeintliches Wissen würde Maimonides als anmaßend zurückweisen. Annehmen können wir Antworten in diesem Bereich nur als gläubige Menschen. Der transzendente Gott befindet sich außerhalb der Schöpfung, steht aber mit den Geschöpfen in einer personalen Beziehung.

Glaube und Philosophie schließen einander nicht aus, im Gegenteil. Sie gehören in einem tiefen Sinne zusammen. Die allegorische Exegese bietet einen verlässlichen Weg, um die philosophische Dimension der Bibel zu erschließen. Moses Maimonides vertraute im religiösen Bereich allerdings der Offenbarung. Gleichwohl sollte die Wissenschaft dazu dienen, den Glauben zu stärken. Wer zweifelte, konnte sich mit der Vernunft und der Erkenntnis ihrer Grenzen erneut der Wahrheit des Glaubens annähern, sofern er den Denkwegen des Moses Maimonides folgte. Die Gestalt und die Werke dieses Philosophen übten großen Einfluss auf die Philosophie im lateinischen Westen aus, auch in der stets neu bedachten Fragestellung, auf welche Weise Glaube und Vernunft miteinander harmonieren können.

Anselm von Canterbury

Die christliche Philosophie des Mittelalters wird von Klerikern dominiert. Anselm, geboren im Jahr 1033 in der norditalienischen Stadt Aosta, gilt bis heute als Vater der Scholastik, als Begründer einer Denk- und Lehrtradition, deren gedankenvolle Gelehrsamkeit und subtile Disputationen über viele Jahrhunderte hinweg die philosophische Theologie auf unverwechselbare Weise charakterisierten.

Anselm entstammte dem burgundischen Adel. In jungen Jahren wollte er sich in ein Kloster zurückziehen, doch der Vater lehnte diesen Wunsch ab. Zwar fügte sich Anselm, aber der Bruch mit dem strengen Grafen folgte unweigerlich. 1059 trat Anselm in die Benediktinerabtei zu Bec in der Normandie ein. Lanfranc von Pavia unterrichtete den wissbegierigen Novizen, der 1060 in die Gemeinschaft der Brüder aufgenommen wurde.

Sein Vater starb, aber Anselm kehrte nicht die Heimat zurück, um das Erbe anzutreten. Er fand als Benediktiner seine Bestimmung. 1063 wurde Anselm, der als vorbildlicher Seelsorger galt, Prior der Abtei, 1078 wurde er zum Abt gewählt. Gerne hätte er sein Leben in der brüderlichen Gemeinschaft zugebracht, wo ihm reichlich Zeit zum Philosophieren blieb und wo ihm der Unterricht der Lateinschüler Vergnügen bereitete. Indessen berief ihn der König von England, Wilhelm II., 1093 zum Erzbischof von Canterbury. Dieses Amt trat Anselm nur widerstrebend an.

Die Erwartungen des Königs, der sich Beistand gegen Rom erhoffte, erfüllte er nicht. Im Gegenteil, Anselm kämpfte für die Rechte der Kirche und verwahrte sich gegen die Einflussnahme der Politik. 1097 reiste Anselm nach Rom und hoffte, Unterstützung beim Papst zu finden. Wilhelm II. verbannte den Erzbischof. Bei Papst Urban II. fand Anselm kein Gehör. Schließlich starb der englische König. Wilhelms Thronfolger Heinrich I. forderte den Erzbischof zur Rückkehr nach England auf. Er verweigerte dem König den Lehnseid unter Berufung auf die Synode von Clermont, auf welcher die Laieninvestitur und die Ablegung des Lehnseides der Priester verboten worden war. Leidenschaftlich kämpfte Anselm für die Unabhängigkeit der Kirche von den politischen Mächten. Dies war der Beginn des englischen Investiturstreits. Erneut begab sich Anselm im Jahr 1103 nach Rom und hielt sich bis 1106 in Italien und Frankreich auf. König Heinrich I. und Papst Paschalis II. schlossen den Vertrag zu Bec, der den Investiturstreit beendete. Der König verzichtete auf die Investitur mit Ring und Stab. Im Gegenzug erklärt sich der Papst einverstanden, dass ein ernannter Bischof vor seiner Weihe dem König den Lehnseid ableistete. Nunmehr waren die Differenzen zwischen dem Erzbischof von Canterbury und dem englischen König beigelegt.

Philosophieren bedeutet für Anselm, den Glauben mit der Vernunft zu bestärken. Lassen sich dogmatische Sätze durch Logik und Dialektik absichern? Das Dogma gilt unumschränkt, und die Wahrheit des Glaubens bedarf nicht der Vernunft. Aber dieser Glaube soll niemals aus Trotz wider die Vernunft erfolgen. Einsicht und Erkenntnis neu wertzuschätzen, darum bemüht sich Anselm. Leitend können wir hierbei seinen Gedanken „Credo ut intelligam“ verstehen. Übersetzt heißt dies: „Ich glaube, damit ich erkenne.“ Die Einsicht folgt dem Glauben. Vermag der Ungläubige überhaupt Erkenntnis zu erlangen? Anselm wandte sich diesen Problemen von Vernunft und Glaube zu. Die Zeit war seines Erachtens gekommen, dass eine vertiefte Beschäftigung mit den Erkenntniskräften zu einer Stärkung des Glaubens führen konnte. Vergessen werden darf bei aller Würdigung der Philosophie Anselms aber nicht, dass die Voraussetzung für das Streben nach Erkenntnis nicht begründet werden kann. Anselm von Canterburys Ausgangspunkt ist einzig die Liebe zu Gott. Wer liebt, möchte Erkenntnis von dem erwerben, was er liebt. So muss folglich derjenige, welcher Gott liebt, diesen auch erkennen wollen. Nicht die Einsicht führt zum Glauben, wohl aber beginnt alles Streben nach der Erkenntnis Gottes mit dem Glauben. Anselm schreibt: „Nie könnte ich verstehen, wenn ich nicht glaubte.“ Wer also forscht, sucht nicht eigene religiöse Zweifel zu zerstreuen, sondern den Glauben mit Vernunftgründen zu vertiefen. Anselms Philosophie entsteht aus der Mitte seines eigenen Glaubens.

Ein anschauliches Beispiel hierfür ist die Schrift „Cur Deus homo“, das heißt: „Warum Gott Mensch wurde“. Um die Menschheit zu retten, musste Gott in die Geschichte eintreten, Mensch werden, für die Sünden der Menschen sterben und vom Tode auferstehen. Anselm versucht eine mit der menschlichen Vernunft einsehbare Darlegung dieses für ihn geschichtlichen Geschehens. Der Mensch steht in Gottes Schuld, dem Verehrung,

Respekt und Ehrfurcht gebühren. Ein jeder Mensch soll Gott gehorchen. Adams Sünde muss gesühnt werden. Doch nicht etwa Bestrafung fordert Gott, sondern aus der Liebe heraus entscheidet er sich für eine Wiedergutmachung. Diese Genugtuung bedeutet nicht allein, die Gebote zu erfüllen, was wichtig und unerlässlich ist. Anselm glaubt auch, dass der Mensch allein außerstande ist, diese Leistung zu erbringen und schreibt: „Du hast noch nicht bedacht, welches Gewicht die Sünde hat!“ Um wahrhaft Wiedergutmachung zu leisten, musste Gott Mensch werden. Gehorsam war der Gottmensch schuldig wie jeder andere. Doch Christus, so Anselm, ging aus freiem Willen in den Tod. Diesen Weg zu gehen, war er nicht verpflichtet. Der gerechte Gott anerkannte und belohnte diese Tat. Der eigentliche Lohn besteht darin, dass alle, die an Christus glauben und ihm nachfolgen, Anteil haben an seinem Verdienst, der Hingabe für die Sünder. So werden sie der Barmherzigkeit Gottes teilhaftig.

Betrachtungen wie diese zeigen, dass der Abt und spätere Erzbischof ein tiefgläubiger Gelehrter war, ein Theologe, der sich gleichwohl in vielen seiner Werke der Philosophie bediente. Von ihr versprach er sich eine denkende Erhebung zu Gott, die der gläubige Christ dank seiner Vernunftbegabung zu leisten vermochte. Anselm war überzeugt, dass Glaube und Einsicht notwendig miteinander verbunden sein müssen, und versuchte, die Spuren Gottes in dieser Welt zu entdecken, mit allen seinen Begabungen, mit gläubigem Herzen und mit vernünftiger Einsicht.

Nachdem die politischen Streitigkeiten zwischen England und Rom gelöst waren, widmete sich Anselm von Canterbury der Seelsorge und philosophischen Fragestellungen. Als er 75 Jahre alt war, ließen die körperlichen Kräfte rapide nach. Seine Schüler fürchteten, er müsse bald sterben und sagten: „Wir sehen, dass Ihr zu Ostern nicht mehr unter uns weilen werdet.“ Anselm erwiderte: „Wenn das Gottes Wille ist, dann gehorche ich. Schön wäre es aber, wenn er mich erst zu sich rufen würde, nachdem ich die Frage nach dem Ursprung der Seele vollends gelöst habe." Anselm verstarb am 28. April 1109. Er wurde in seiner Kathedrale neben Lanfranc, seinem Vorgänger als Erzbischof und Lehrer aus der Abtei Bec, zur letzten Ruhe gebettet.

Philosophieren mit Anselm

Anselms Denken vollzieht sich in der Tradition des Augustinus. Er begreift den Menschen als Sünder, eine Eigenschaft, die daseinsbestimmend ist. Versäumt der Mensch, sich dies denkend bewusst zu machen, lebt er gewissermaßen blind. Er sucht auch gar nicht nach dem übernatürlichen Licht Gottes. Aus dem Dunkel der Existenz heraus vermag ihn einzig der Glaube zu führen. Die Vernunftbegabung und die Fähigkeit zur Wissenschaft ermöglichen ihm ein besonderes Streben, die Suche nach Einsicht auf dem Weg des Glaubens. Augustinus meditierte. Das eigene Selbst war ihm der Ausgangspunkt dieser Wahrheitssuche. Anselm hingegen erkennt, dass es nicht länger nötig oder besonders wichtig ist, von sich selbst und seinen Erfahrungen zu sprechen. Vernünftige Erkenntnis, vom Glauben erleuchtet, gilt es zu erstreben. Anders ausgedrückt: Es ist vernünftig zu glauben. Ohne Glauben findet kein Mensch zur Einsicht. Doch wer sich als gläubiger Mensch weiß, ist aufgerufen, diese besondere Begabung zu nutzen, zuerst und zuletzt, um Gott zu dienen.

Das Denken ist schon durch den Glauben geformt. Der Christ geht in die Kirche, betet, hört Predigten und besucht die Heilige Messe. Er folgt den Geboten und Gesetzen, hat die Dogmen der Kirche vernommen. Nun wendet er sich der gläubigen Einsicht zu, als gläubiger Mensch. Als erkennendes und reflektierendes

Subjekt beschäftigt er sich mit den Gegenständen des Glaubens. Philosophisches Denken, das sich etwa auf die Beweisbarkeit der Existenz Gottes oder auf den Wahrheitsbegriff ausrichtet, ist theologisch konturiert und vom Glauben getragen.

Wenden wir uns noch einmal der anthropologischen Frage zu. Natürlich weiß Anselm, dass der Mensch ein vernunftbegabtes Lebewesen ist und nach Erkenntnis strebt. Er kennt die Glücksbedürftigkeit und die Fähigkeit zur Lebens- und Weltgestaltung. Maßgeblich ist nicht die Beziehung zu anderen Menschen oder auch zu dem Gemeinwesen, welchem er angehört. Als entscheidend für das menschliche Dasein erweist sich der Bezug zu Gott. Durch die Sünde befindet er sich zu diesem in einem ausgesprochen problematischen Verhältnis. Die Sündhaftigkeit markiert eine existenzielle Bruchstelle, die er selbst nicht zu schließen oder zu heilen vermag. Ähnlich wie bei Augustinus kreist das Leben des Menschen allein um Gott. Er vermag sich nicht selbst zu erlösen, nicht selbst aus Schuld und Sünde zu befreien. Doch zugleich ist der Mensch nicht verloren. Der Sünder befindet sich in einer bedrückenden, aber nicht ausweglosen Situation. Zwar wird sittliches Handeln angestrebt, dennoch entscheidet sich der Mensch oft, Böses zu tun. Auch die Erkenntniskräfte sind beschränkt. Im Paradies lebte er in der Anschauung Gottes. Nun ist sein Verstand verdunkelt. Gott zu erkennen ist ihm unmöglich. Er muss an Gott glauben, vor dem Sündenfall konnte er ihn sehen. Die Frage nach Gott stellt sich ihm, er wird bedrängt, ist beherrscht von ihr. Anselm zufolge kann und soll er sich hiermit beschäftigen. Versäumt der sündige Mensch, nach Gott zu suchen, verfehlt er seine Bestimmung, er verspielt die Aussicht auf die Erlösung durch den barmherzigen Gott. Befähigt zur Erkenntnis wird er durch den Glauben. Wer außerhalb des Glaubens steht, der ist weit entfernt von möglicher Einsicht. Er glaubt, ohne Gott leben zu können, und trachtet doch nach Erkenntnis. Glaubenslos fehlt dem Menschen die Führung. Er irrt, vielleicht sogar, ohne dies zu bemerken.

Der Verstand bedarf des gläubigen Bewusstseins. Ein gläubiger Mensch begibt sich, erleuchtet vom Licht Christi, mit einem gestärkten, gefestigten Intellekt auf den Weg der Erkenntnis. Anselm fasst dies als Geschenk Gottes auf. Gott ist es, welcher dem Menschen die Kraft verleiht, nach Erkenntnis zu streben. Der Mensch würde der Sünde anheimfallen, wenn er sich dieser Aufgabe entzöge. Er ist aufgerufen, seinen Glauben auch mit dem Verstand zu durchleuchten. Gut ist es, zu glauben, besser jedoch, Einsicht zu erlangen und die Sätze des Glaubens begreifen zu lernen. Durch dieses Verstehen gelangt der Mensch näher zu Gott. Die Aussagen werden ihm noch auf andere Weise vertraut. Die intellektuelle Aneignung bestärkt den Glauben und sichert diesen. Zwar wird sich der gläubige Mensch auch auf dem Weg der Erkenntnis nicht den Weg zurück ins Paradies bahnen. Gott wird er in dieser Welt nicht anschauen, nicht geistig erfassen, nicht berühren können. Aber die Einsicht ist ein entscheidender Schritt zur Vollendung im Jenseits. Es genügt nicht, zu tun, was die Kirche sagt. Es reicht nicht aus, Tatsachen anzuerkennen und Autoritäten zu respektieren. Der Mensch vermag als vernunftbegabtes Lebewesen, die Möglichkeit der Einsicht zu nutzen. Also ist es angemessen, dass er diesen Glauben, der wesentlich ist für das Denken, auch rational bekräftigt.

Die Lehrsätze des Glaubens sind für Anselm wahr. Sie befinden sich außerhalb aller Kritik. Die menschliche Vernunft schuldet Gott Gehorsam, somit in gleicher Weise dem Wort Gottes, der Bibel und im weiteren Sinne ebenso der Autorität der Kirche. Das vernünftige Denken büßt dennoch nicht jegliche Eigenständigkeit ein, zumal in Zweifelsfällen. Maßgeblich aber bleibt auch das Vertrauen auf Gott, das sich auf die Einrichtungen überträgt, welche ihre Bestimmung und ihren Auftrag von Gott selbst ableiten. Anselm hält zudem das Wort Gottes, das dem Menschen bei der Lektüre der Heiligen Schrift aufscheint, für verlässlicher als das vernünftige Bemühen um Einsicht. Sich den Autoritäten zu fügen, dient der Suche nach Wahrheit und damit letztlich dem Menschen, selbst wenn dessen subjektive Vernunft noch leise widerspricht. So essenziell der Glaube für das Denken auch sein mag, der Weg der Einsicht geht ohne Wunder und Eingebungen vor sich. Wer philosophische Darlegungen abfasst, orientiert sich an den Prinzipien des Denkens, argumentiert stringent und nachvollziehbar und ohne Zuhilfenahme der erwähnten Autoritäten.

Die Vernunft weist zwei Ebenen auf. Jedem Menschen ist die Vernunft als Vermögen eigen. Der Einzelne verfügt über die Gabe des logischen Denkens und kann sich Phänomene in der Welt mithilfe der Vernunft erschließen. Anselm spricht auch von einer Vernunft Gottes. Wie lässt sich dies vorstellen? Prozesse eines nicht zufälligen, sondern durchgängig rational nachvollziehbaren Geschehens, wie etwa die Heilsgeschichte, verlaufen gemäß einer inneren Notwendigkeit. Wer sich logisch eine Problematik vergegenwärtigt, entdeckt die dem Auge des reflexionslosen Betrachters verborgenen Gesetzmäßigkeiten. Wer die Notwendigkeit eines Geschehens aufspürt, betreibt Wissenschaft. Die Erhellung von Fragen wie „Cur Deus homo" zeigt, dass dogmatische Glaubenssätze nicht nur durch die kirchliche Autorität legitimiert sind. Sie sind in sich vernünftig und durch Logik dem vernünftig denkenden Lebewesen einsichtig. Was für einzelne Fragestellungen gilt, das gilt nicht minder für den Glauben als System. Anselm schließt weiter, dass auch Gottes Dasein und Wesen als notwendig erkannt und aufgewiesen werden muss. In seinem Bemühen, das Aufeinanderverwiesensein von Philosophie und Theologie, unter Führung des Glaubens, zu zeigen, wird ersichtlich, dass der Vernunft eine ihr gemäße Bedeutung zukommt und auch nicht auf eine bloße Rechtfertigung von Glaubensinhalten begrenzt ist. Ja, vielmehr soll sie diese rational bekräftigen und bestärken. Gleichwohl kann sich die Philosophie nicht eigenständig entwickeln. Das Ziel des vernünftigen Denkens bestimmt Anselm in der entschiedenen Ausrichtung auf die Wahrheit des Glaubens.

Was ist Wahrheit?

Die Wahrheit des Denkens korrespondiert mit der Wahrheit des Glaubens. Dessen, was wir glauben, sind wir uns existenziell gewiss. Wie weit aber reicht die Kraft der menschlichen Vernunft, um sich denkend auf die Wahrheit des Glaubens auszurichten? Anselm benennt es als verpflichtende Aufgabe, nach Wahrheit zu fragen. Dies geschieht, indem Gründe, die notwendigerweise zu denken sind, gesucht, geprüft und diskutiert werden. Zu Anselms Hauptwerken gehört die Abhandlung „De veritate", übersetzt: „Von der Wahrheit". Er ist der erste christliche Philosoph, der die Wahrheitsfrage unabhängig zu ergründen sich bemüht. Selbstverständlich bleibt Anselm auch hier gänzlich auf dem Feld des Glaubens. Wahrheit ist in eins gesetzt mit Gott. Dieser Glaubenssatz wird nicht angetastet. Verstehen können wir dies als eine unbezweifelte, absolut verlässliche Grundlage, auf dem alles Forschen nach Wahrheit beruht. Dass Gott die Wahrheit ist, bedeutet laut Anselm aber nicht umgekehrt, dass notwendigerweise jegliche Wahrheit Gott sei. Anselm versucht die Wahrheit, die sich im gegenständlichen Bereich findet, von der Wahrheit des Glaubens zu unterscheiden. Er differenziert mithin den Wahrheitsbegriff.

Was bedeutet also die Aussage des Glaubens, Gott sei die Wahrheit? Sich dies zu vergegenwärtigen und auch mit wissenschaftlicher Methodik zu untersuchen, welche Unterscheidungen Wahrheit aufweist, beabsichtigt Anselm. Die Wahrheit, die die Sinneswahrnehmung uns vermittelt, findet sich auf einer anderen Stufe als die Wahrheit, welche das Wesen der Gegenstände ausmacht. Für Anselm besteht eine Wahrheit des Denkens, zugleich auch eine Wahrheit, die ihren Ausdruck im Willen findet. Letztlich kennen wir auch eine Wahrheit im Bereich der Ethik, die Wahrheit des Handelns, die sich in gleicher Weise wie alle Formen der Wahrheit durch Rechtheit auszeichnet, wenn sie dem Sollen entspricht. Das Sollen der Rechtheit ist die Gleichförmigkeit mit der von Gott vorgegebenen Norm, die Einfügung in die göttliche Ordnung. In eins mit Gott zu sein bedeutet Rechtheit. Diesem entspricht die ethische genauso wie die ontologische Wahrheit. Die Rechtheit drückt das Sollen aus. Wichtig ist dies für das menschliche Handeln. Der Rechtheit zu entsprechen, wird als Ziel bestimmt, das das Tun des Menschen normiert, seinen Willen formt. Als gläubiger Mensch sucht er diese Rechtheit zu erkennen und sich handelnd darauf auszurichten. Verfehlungen sind Sünden, aber dem Menschen ist die Möglichkeit gegeben, sich die Rechtheit vorzunehmen, ihr entsprechen zu wollen. Die Rechtheit entstammt der Wahrheit Gottes, die wiederum selbst Rechtheit ist, aber zugleich höherrangig als alle ihre Formen steht, ja diese gleichsam in sich vereinigt. Gott als die absolute Wahrheit steht jenseits der Maßstäbe: „Denn alles ist ihr verpflichtet, sie aber schuldet niemandem etwas und ist aus keinem Grunde, was sie ist, außer dass sie ist."

Gott als Schöpfer der Welt ist ewig. Er ist die nicht verursachte Wahrheit, von der sich jegliche Rechtheit ableitet. Die geschaffenen Dinge sind durch ihn entstanden. Ihre Wahrheit ist hervorgerufen von der höchsten Wahrheit. Gott bewirkte ihre Formung, ihre Gestalt, ihr Wesen. Dass sie erkennbar sind, verweist auf die höchste Wahrheit, ohne die sie nicht wären. Aber die Wahrheit der Dinge ist begrenzt, auf andere Weise begrenzt als menschliches Erkennen. Dieses Endliche verweist auf das Höchste, auf Gott als Schöpfer, der selbst die Wahrheit ist, die niemals begonnen hat, ist und immer sein wird. Diese Wahrheit, aus der alles geworden ist, ist eine einzige – und ganz anders als die Wahrheit eines Gegenstandes, denken wir an einen Hut oder einen Mantel, dem noch weitere Gegenstände beigesellt werden können, ganz anders als die Wahrheit eines Tieres, etwa eines Elefanten, der ein Repräsentant seiner Spezies ist, und ganz anders als die Wahrheit eines Menschen, der als einziges Lebewesen reflektiert zu erkennen vermag, aber an die Grenzen seiner Erkenntnisvermögen gebunden bleibt. Diese Wahrheit ist Gott. Wahrheit wird für Anselm als eine auf reflexive Weise zu fassende Rechtheit erklärt, die strukturell stets gleichmäßig ist. Die höchste Wahrheit ermöglicht alle Differenzierungen. Gott als Inbegriff aller Prädikate bildet den Anfang, das Fundament, die Ursache für die Formen des Seienden, die mangelhaft und unvollkommen sind wie der sündige Mensch. Aber nicht aus der Pluralität des Vielgestaltigen lässt sich diese Wahrheit erkennen. Die höchste Wahrheit zu denken ist in sich notwendig. Und erkennend, vom Glauben erleuchtet, vermag der Mensch die Ordnung der Schöpfung zu verstehen, die inneren Gesetze zu entdecken und die Formen der Wahrheit sich zu vergegenwärtigen. Glaubenslos irrt er in der Beliebigkeit der Zerstreuung umher, sammelt bruchstückhaft Erkenntnisse und gelangt niemals ans Ziel. Wer sich dem Denknotwendigen verweigert, dem mangelt es nicht nur an Einsicht – ihm fehlt der Glaube, ohne den Wahrheitserkenntnis unmöglich ist und alles Streben nach Erkenntnis im Nebel der Unwissenheit verbleibt.

Der Gottesbeweis

Von dem Erkenntnisproblem ausgehend, das wir in Anselms Wahrheitsbegriff erkennen konnten, beschäftigen wir uns nun mit dem Gottesbeweis. Lässt sich Gottes Dasein wirklich nachprüfbar darlegen? Bestehen zwingende Gründe für die Annahme, dass Gott existiert? Muss dies auch ein ungläubiger Mensch mit Notwendigkeit einsehen?

Gott zu erkennen, ist nicht möglich, ohne Gott zu lieben. Anselm möchte aber weder die Liebe zu Gott empfehlen oder gar predigen, noch sucht er handfeste Gründe, um den Glauben zu rechtfertigen und zu bestärken. Logisch verfolgt er sein Ziel. Anselm entwickelt einen glaubensunabhängigen Beweis. Er operiert mit dem Begriff des schlechthin Großen. Die Schlussweise, dass Gott, weil er als dieses über jeglichen Maßstab hinaus Große im Verstand da sei, auch existieren müsse, gilt seither als genuin ontologisch und charakteristisch für Anselms Denken.

Für ihn geht der Glaube stets der Einsicht voraus. Dies zeigt auch die Schwierigkeit, mit der schon zu Anselms Zeiten, vor allem aber in späteren Epochen über den Gottesbeweis gedacht wurde. Hat ein gläubiger Mensch es wahrhaft nötig, das Fundament seines Glaubens auf rationale Weise darzulegen? Möchte er nun mit der Vernunft oder auf dem Weg vernünftiger Einsicht bekehren? Wenn Gott bewiesen werden kann, wozu dann noch an ihn glauben? Und warum wird dieser scheinbar in seiner Existenz bewiesene Gott für niemanden ersichtlich? Dies aber verkennt die Absicht, die Anselm hegt. Er kennt die Grenzen des menschlichen Verstandes. Niemand vermag Gott mit den Mitteln des Denkens zu erfassen oder gar seine unergründlichen Wege vernünftig zu erforschen. Der Mensch bleibt Gott stets unterlegen. Das Geschöpf kann den Schöpfer nicht erkennen. Aber Anselm schreibt zu Beginn in seiner Abhandlung „Proslogion“, dass er danach verlangt, „Deine Wahrheit, Herr, einigermaßen einzusehen, die mein Herz glaubt und liebt“. Folglich möchte er ein Argument darlegen, „das keines anderen bedürfte, als seiner allein, und das allein hinreichte, zu stützen, dass Gott in Wahrheit existiert“. So bekennt Anselm weiterhin: „Ich suche ja nicht einzusehen, um zu glauben, sondern ich glaube, um einzusehen." Nicht folgt die Einsicht aus dem Glauben, sondern der Glaube strebt nach Einsicht. Diese Betonung ist außerordentlich wichtig, veranschaulicht sie doch die Absicht des Beweises.

Was zeichnet den Glauben an Gott aus? Anselm wählt nicht die Barmherzigkeit oder die Allgüte, um seine Betrachtungen zu erläutern. Er verweist auf die absolute Größe des transzendenten Gottes. Dies ist keine notwendige, aber eine ausgesprochen hilfreiche Wahl. Gott wird geglaubt als das schlechthin Große, „aliquid quo nihil maius cogitari possit", als jenes, „über das hinaus nichts Größeres gedacht werden kann". Es ist unmöglich, denkend die Größe des absolut Großen zu übersteigen. Wir können Gott also glauben als das Große schlechthin, wir müssen es aber nicht. Aus sich selbst heraus ist die Aussage nicht einleuchtend und auch nicht beweiskräftig. Anselm wählt eine Bestimmung, die bezweifelt werden kann. Muss Gott das schlechthin Große sein? Der Mensch könnte glaubensgewiss sagen: „Es ist so." – und es dabei bewenden lassen. Der Zweifler brächte hingegen Einwände vor und behauptete sein Recht. Anselm zeigt, dass diese Setzung des Glaubens nicht hinreicht. Der vorgebrachte Gedanke verfügt über innere Stimmigkeit. Er lässt sich rational nachvollziehen und verdeutlichen. Der Zweifler hört bloß die Worte. Diese trägt er in sich und kann die Aussage mitdenken. Es mangelt ihm jedoch an Einsicht, und das, was er als Wortfügung bei sich hat, erhellt für ihn noch nicht, warum der solcherart gedachte Gott auch notwendig existiert. Zu bedenken ist freilich, ob dieses schlechthin Große einzig im Verstand sein kann. Der Denkweg hat eine Entsprechung in der Wirklichkeit. Wir können etwas denken, über das hinaus Größeres zu denken unmöglich ist. Irgendwann gelangen wir denkend an die absolute Größe, aber jenseits des Denkens findet sich eine Entsprechung in der Wirklichkeit. Das von uns Gedachte ist nicht das schlechthin Große. Das, was real existiert, ist größer. Der Verstand richtet sich auf eine Größe, die größer ist als sein eigenes Fassungsvermögen. Zweifelsfrei besteht für Anselm diese absolute Größe in der Wirklichkeit tatsächlich, so gewiss wie im Verstand. Neben der faktischen Existenz versucht er auch die Notwendigkeit des Daseins Gottes zu beweisen: „So wahrhaft wirklich etwas existiert, über das hinaus Größeres nicht gedacht werden kann, dass es als nicht existierend nicht einmal gedacht werden kann." Gott existiert notwendig. Wie er geglaubt wird, so ist er nach Anselms Überzeugung auch in Wirklichkeit: „So wirklich also bist Du, Herr, mein Gott, dass Du als nicht existierend auch nicht gedacht werden kannst."

Besonders ein Einwand gegen diesen Beweis liegt nahe. Wir können uns vieles vorstellen – eine schöne Insel in der Südsee beispielsweise. Es mag viele schöne Inseln dort geben, aber nicht die von uns vorgestellte. Oder wir spielen mit dem Gedanken, dass ein Elefant in unserem Garten lebt. Auch das können wir uns mühelos ausmalen und werden doch feststellen müssen, dass die Fantasie manche imaginären Blüten und auch ebensolche Rüsseltiere, aber keine realen Dickhäuter hervorbringt. Genauso verhält es sich scheinbar mit Anselms Gottesbeweis. Der Mönch Gaunilo widerspricht dem Philosophen. Denken und Wirklichkeit sind verschiedene Sphären. Was wir erdenken, muss nicht wirklich sein. Gaunilos skeptischen Einwurf haben auch die späteren Kritiker Anselms wieder aufgegriffen. Der Mönch spricht von der erträumten Insel. Doch trifft er damit überhaupt den Gottesbeweis Anselms? Das schönste Eiland lässt sich mit Gott, dem Inbegriff aller Prädikate, der absoluten Größe, schwerlich vergleichen. Aber wird damit der Widerspruch entkräftet? Schließt Anselm nicht tatsächlich unberechtigterweise vom Denken aufs Sein?

Er war sich der Unterschiede zwischen Denken und Sein sehr wohl bewusst und erwähnte dies auch im „Proslogion". Wie hat er den Gedanken für den Beweisgang zu demjenigen, „über das hinaus Größeres nicht gedacht werden kann", aufgreifen können? Anselm hat sich dies nicht ausgedacht. Der Glaube geht diesem Satz voraus. Also ist der Satz auch nur unter der Voraussetzung des Glaubens begreifbar. Somit können wir die Glaubensgewissheit als erstes ansehen. Der Gedanke ist somit nicht eine beliebige Setzung. Glaubend ist die Wirklichkeit des Gedachten bereits gegenwärtig. Sodann beweist Anselm nicht, dass dieser Gott existiert. Er weiß, dass dies unmöglich ist. Darum benennt er auch die Grundlage seiner Überlegung. Der Glaube ist bereits vorhanden, und der Glaube trägt den Prozess der Erkenntnis. Wer glaubt, sucht nach Einsicht – und dies nicht, um sich selbst noch einmal von der Richtigkeit seines Glaubens zu überzeugen. Gottes Dasein wird von ihm nie bezweifelt. Was Anselm aufführt, ist in sich schlüssig und vernünftig. Seine Überlegungen können auch von Menschen nachvollzogen werden, die seine Voraussetzungen nicht teilen. Der Beweis soll niemanden überzeugen. Wohl kann diese gedankliche Konstruktion aber durch seine Stimmigkeit die Vernunftgemäßheit des Glaubens zeigen und diesen stützen. Der Glaube ist also schon gegeben, der Mensch, der solches erwägt, weiß sich bereits vom Licht Christi erleuchtet. Was Gaunilo vorbringt, lässt sich nicht gänzlich abweisen, verfehlt aber das eigentliche Interesse Anselms. Dieser will nicht bekehren. Es wäre nachgerade absurd anzunehmen, dass sich vernünftige Überlegungen mit einer missionarischen Absicht verbinden ließen. Die Einsehbarkeit solcher Gedankengänge aber zeigt, dass der Glaube an diesen Gott sinnvoll ist, vernünftig also.

Denken wir noch einmal über den Ungläubigen nach. Dieser will von der Voraussetzung nichts wissen. Dass Anselm seinen Glauben herausstellt, überzeugt ihn nicht. Der Ungläubige anerkennt weder die Autorität der Kirche noch die der Bibel. Möglicherweise akzeptiert er nichts außer vernünftiger

Einsicht. Anselm versucht darzulegen, dass auch eine andere Schlussweise möglich ist. Selbst wenn wir uns nur alles Begrenzte und Endliche auf dieser Welt vergegenwärtigen, so müssen wir notwendigerweise auf eine Wirklichkeit schließen, auf eine Größe, die diese Begrenztheiten übersteigt. Auch auf diesem Weg gelangen wir zu einem schlechthin Großen, über das hinaus Größeres zu denken unmöglich ist. Wer gläubig ist, vermag auch über die Ordnung des Seins, über die Schönheit und Größe der Schöpfung zu dem Aufweis eines notwendigen Daseins Gottes gelangen. Ist aber der Ungläubige wirklich überzeugt? Lässt sich Gaunilos Einwand tatsächlich zur Gänze entkräften? Genügen die von Anselm aufgeführten Gründe tatsächlich, um die Nichtexistenz Gottes auszuschließen?

Anselm bietet seine Antwort an. Denkend können wir uns hiermit auseinandersetzen, sehen aber gleichwohl, dass die Voraussetzung des Glaubens, die für ihn unabdingbar ist, einem adäquaten Verständnis ebenso dienlich zu sein scheint, wie sie künstlich nicht erzeugt werden kann. Anselm möchte den Beweisgang für sich mit der Erfahrung des Glaubens verbunden wissen. Denkend lässt sich dieser Gott nicht erfassen. Der Aufweis auf das schlechthin Große ist für den Glaubenden aber nicht die Erkenntnis Gottes. Vorstellbar ist schließlich nur das denkbar Größte. Dieses jedoch ist nicht Gott. Weil er das schlechthin Große verursacht hat, wird der Abstand zwischen dem schlechthin Großen, letztlich einem Seienden, und dem Schöpfer allen Seins nicht aufgehoben. Das, was die absolute Größe des Seienden übersteigt, lässt sich aber nicht mehr in den Beweis einbinden. Um das Absolute zu erkennen, genügt es nicht, die Grenzen des Denkens zu erreichen. Das Unendliche mit dem endlichen Verstand denkend zu erfassen, gelingt uns nicht. Wir reichen auch mit Anselm nur bis an eine Grenze. Hier beginnt der Bereich des Glaubens, der für den Philosophen natürlich schon die Grundlage all seiner Überlegungen bildet. Gott entzieht sich dem Zugriff der menschlichen Vernunft. Der Erkennende gelangt nur bis zu dieser Grenze. Einzig sein Glaube trägt ihn darüber hinaus.

Anselm hätte stets gesagt, dass es vernünftig sei, zu glauben. Auch hätte er den Weg der Erkenntnis immer empfohlen. Gleichwohl war ihm die Begrenztheit menschlicher Erkenntnis deutlich bewusst. So wie der Glaube für ihn vernünftig war, hätte er auch stets anerkannt, dass der Glaube weiter reicht als alle Vernunft, derer wir uns bedienen, um mit den Möglichkeiten der Einsicht zu bestärken, was das Leben trägt und hält.

Petrus Abaelard

Denken wir an Petrus Abaelard, so kommt uns zunächst sein Briefwechsel mit Heloise in den Sinn, die Geschichte eines außergewöhnlichen Liebesverhältnisses im Hochmittelalter. Nicht das Verhältnis zu Heloise, wohl aber die Authentizität der Korrespondenz wird neuerdings bezweifelt. Ungeachtet dessen gehört Abaelard zu den umstrittenen Gestalten der mittelalterlichen Philosophie. Glühend verehrt von seinen Anhängern, verurteilt von zwei großen Konzilien der Kirche, ein streitlustiger, rechthaberischer und mitunter auch selbstgerechter Denker, der die Auseinandersetzung suchte und genoss – der Philosoph, geboren 1079, gestorben 1142, war eine schillernde Persönlichkeit.

In der Nähe von Nantes erblickte Petrus Abaelard das Licht der Welt. Früh entschied er sich für die Wissenschaft. Bereits mit 15 Jahren verzichtete Abaelard auf das Erbrecht, das ihm als ältesten Sohn des Ritters Berengar zustand. Abaelard lernte verschiedene philosophische und theologische Positionen kennen. Innerhalb des aufflammenden Universalienstreits vertrat er unterschiedliche, konträre Standpunkte. Der Universalienstreit war damals gerade entbrannt. Existiert das Allgemeine? Besteht eine Idee vom Menschen, oder gibt es allein zahlreiche Individuen? Die Nominalisten vertraten die Ansicht, dass diese Begriffe der Art und Gattung nicht mehr als Namen seien, von Menschen gemacht, somit als künstliche Ordnungsschemata unwirklich, das heißt ohne reale Entsprechung in der Welt der Natur. Die Opposition, die Realisten, schrieben den Ideen ein von den Gegenständen autonomes Dasein zu und fassten diese als Individuationen der Idee auf. Diese Auseinandersetzungen im Feld der Erkenntnistheorie charakterisieren eine ganze Epoche der mittelalterlichen Philosophie. Die Frage nach den Möglichkeiten menschlicher Erkenntnis beschäftigte Denker ganz unterschiedlicher Richtungen.

Petrus Abaelards Schriften hierzu sind nur unvollständig überliefert. Unsere Erkenntnis bleibt auf die Welt der Dinge begrenzt. Wissen erwerben können wir allein über die geschaffenen Dinge. Die Frage nach dem Allgemeinen und Besonderen beschäftigte Abaelard sehr. Auf welche Weise vermögen wir das Allgemeine zu erkennen? Abaelard zufolge erkennen wir das Allgemeine in der Besonderheit des Einzelnen, als „universalia in rebus", also als Allgemeines, das in den Gegenständen repräsentiert ist. Der Begriff eines Gegenstandes besteht nach Abaelards Auffassung weder ausnahmslos jenseits noch in diesem. Die Form eines Gegenstandes besteht als „conceptus mentis", als Begriff des Geistes. Der Begriff ist ein Anteil des Gegenstandes am Allgemeinen. Zu Begriffen gelangen wir auf aposterischem Weg. Vergleichen wir zahlreiche Einzelwesen, beispielsweise große Rüsseltiere, so gelangen wir zu dem Begriff Elefant. Dieser Begriff zeigt die Teilhabe der Individuen am Allgemeinen, aber nachfolgend, als „conceptus mentis".

Abaelard setzte sich mit seinen Lehrern, besonders mit Wilhelm von Champeaux, lebhaft auseinander. Er verfasste eine Abhandlung zur Logik. Die Lektüre seiner Schriften macht leicht ersichtlich, warum er so umstritten war. Abaelard gehorchte niemals einer Autorität, nur weil diese Anspruch auf Führung erhob. Somit wirkte er gleichsam als früher Aufklärer. Die Dispute verhinderten sein akademisches Fortkommen. 1113 wurde für Petrus Abaelard ein Jahr der Entscheidung. Seine Eltern entschlossen sich zu einem klösterlichen Leben, er selbst begann in Paris Theologie zu studieren. Bald etablierte sich Abaelard als Dozent. Seine Vorlesungen waren sehr gut besucht. Der beliebte Lehrer hatte Neider, zu denen auch sein Lehrer Anselm von Laon zählte. Dieser verbot ihm aufgrund seiner defizitären theologischen Bildung Vorlesungen zu halten. Abaelard lernte Heloise kennen und verliebte sich rasch in sie. 1118 wurde der gemeinsame Sohn Astralabius geboren. Wenig später wurde Abaelard auf Betreiben des Onkels von Heloise entmannt. Er zog sich in die Abtei St. Denis zurück. Heloise trat als Nonne in das Kloster von Argenteuil ein.

Petrus Abaelard setzte seine wissenschaftlichen Untersuchungen fort und verfasste die „Theologia summi boni". Nicht der Kirche, weil sie Kirche ist, schulde der Mensch Gefolgschaft, denn schließlich sei die menschliche Vernunft eine Gabe, das Gute zu suchen und zu finden – und entsprechend zu handeln. Zudem verfasste er eine Schrift zur Ethik. Das war ungewöhnlich. In dieser Epoche mittelalterlicher Philosophie verblassten Betrachtungen über das menschliche Handeln neben metaphysischen Reflexionen. Abaelards Traktat folgt der genuin philosophischen Aufforderung „Scito te ipsum", also „Erkenne dich selbst", orientiert an einem der klassischen Leitgedanken der antiken Philosophie. Bemerkenswert sind diese Betrachtungen, da schon der Ausgangspunkt die Selbstreflexion des Individuums ist, die jeweils persönliche Haltung sowie das Gewissen des Handelnden. Zugleich aber hebt Abaelard die Verbindlichkeit der Autoritäten nicht auf, nicht die der Bibel und auch nicht die des kirchlichen Lehramtes. Doch er zeigt Nuancen. Die Gesinnung entscheidet über die Moralität. Petrus Abaelard orientiert seine ethischen Betrachtungen nicht an der Erbsünde. Sündig ist der Mensch durch Verfehlungen, die ihm bewusst werden, die er selbst begangen hat. Bei Zuwiderhandlungen gerät er ins Stadium der Schuld. Dies muss er sich bewusst machen. Der Mensch hält Rückschau auf sein Leben und erkennt seine Fehler. Nicht beliebige, rituelle Bußakte empfiehlt Abaelard, sondern aufrichtige Reue. Wer beichtet, aber das Gewissenlose seines Handelns nicht erkennt, bleibt folgerichtig im Stadium der schuldhaften Verstrickung, bleibt ein Sünder. Sich selbst zu erkennen, heißt sich zu durchleuchten, sich vom Licht des Gewissens führen zu lassen. Die Sittlichkeit stellt einen Wert an sich dar. Jeder Mensch hat durch die Vernunft daran teil. Gut zu handeln genügt. Abaelard sieht einen deutlichen Mangel bei manchen Christen, die zwar die Rituale vollziehen, aber nicht dem ethischen Anspruch genügen. Sie bekennen sich zu ihrem Glauben, doch welchen Rang hat ein Glauben, der nur Lippenbekenntnis ist? Mancher bekreuzigt sich, spricht fromme Gebete und wird durch sein Handeln zum Kreuz im Leben seiner Nächsten. Abaelard sieht Gewaltsamkeit und mörderisches Tun, er sieht Menschen, die sich zu Christus bekennen, aber wider den Geist des Evangeliums handeln.

Abaelard glaubt, dass die maßgeblichen griechischen Denker von Gott erleuchtet waren. Durch Christus werden die Menschen aller Zeiten geführt. Er verweist auf das unumschränkt gültige Sittengesetz und verschafft diesem wieder Geltung. Durch Christus gelangt ein jeder Mensch zu Gott. Petrus Abaelard betont die Bedeutung der göttlichen Liebe. Was den Menschen wahrhaft erlöst und rettet, das ist einzig die Liebe. Das Sittengesetz bietet die Möglichkeit für interreligiöse Verständigung und Toleranz. Auch ein religionsloser Humanist kann durch ein entsprechendes Handeln nach Abaelards Auffassung gleichberechtigt unter Juden und Christen leben.

Petrus Abaelard empfiehlt Vorsicht gegenüber dem Wunderglauben. Manches scheinbar Übernatürliche ist nur allzu natürlich und somit Betrug. Er bemüht sich um eine kritische Auslegung der Schrift. Als Beweisgrund genügen ihm niemals Zitate aus der Bibel. Der Zweifel hat seine Berechtigung. Erst durch Reflexion gelangen wir auf den Weg der Wissenschaft. Verlässliche Aussagen trifft die menschliche Vernunft. Die kritische Überprüfung ist unumgänglich. Abaelard verweist auch auf die Parallelität des göttlichen „Logos“, der Christus ist, mit dem logischen Denken. Allein deswegen hält er es für geboten, sich dieser besonderen Fähigkeit zu bedienen, nicht fraglos Autoritäten zu vertrauen und die Bibel rational zu deuten. Sichere Erkenntnis ist nur durch die Vernunft möglich. So versteht Abaelard den Ausdruck „Himmelfahrt“ nicht wortwörtlich. Wissenschaftlich nachweisbar ist solches nicht, die menschliche Vernunft sträubt sich gegen derartige Vorstellungen. Existieren überhaupt Himmel und Hölle? Kann die Wirklichkeit eines zu erwartenden Himmels durch einsichtige Argumente belegt werden? Wir können die „Himmelfahrt“ als Aufschwung der Seele begreifen, nicht aber als reales, widervernünftiges Geschehen.

In „Sic et Non“, übersetzt: „Ja und Nein“, führt Abaelard die Lehren der Kirchenväter auf. Er zeigt damit auch Widersprüche auf, die zwischen den verehrten Theologen der frühen Christenheit bestehen. Mit der Vernunft Aussagen des Glaubens zu prüfen, überlässt er auf diese Weise auch seinen Lesern. Wer die gegensätzlichen Aussagen erkennt, der vermag zu sehen, dass die Wahrheit der Erkenntnis nicht immer einfach zu erweisen, nicht durch Autorität letzthin beliebig festzusetzen ist, sondern dass der Mensch das ihm verliehene Vermögen nutzen soll, um das Gegebene zu prüfen und kritisch zu beleuchten.

Das Werk stieß auf reges Interesse, wurde aber auch auf der Synode von Soissons ohne Anhörung seines Verfassers verurteilt. Die Schrift musste öffentlich verbrannt werden. Abaelard selbst wurde gezwungen, seine Abhandlung ins Feuer zu werfen. Amtsträger der Kirche in Frankreich waren ungnädiger als der Papst in Rom, der einen Legaten aussandte, um Abaelard begnadigen zu lassen. Dieser kehrte in die Abtei St. Denis zurück. Er forschte nun über Dionysius Areopagita. War er wirklich ein Schüler des Apostels Paulus? Petrus Abaelard zweifelte daran. Das war der Auftakt für neue Streitigkeiten. In einer Einsiedelei bei Quincey ließ er sich nieder. Zahlreiche Schüler folgten Abaelard. Er wurde wenig später zum Abt des Klosters St. Gildas von Ruys gewählt, blieb aber nur für kurze Zeit im Amt. Konflikte mit den Brüdern ergaben sich rasch, als Abaelard diese zu einem Leben, das den Ordensregeln entsprach, verpflichten wollte. Von 1129 an versah Abaelard seine Tätigkeit als geistlicher Begleiter des Klosters von Argenteuil. Die Priorin dort war seine ehemalige Geliebte Heloise.

Noch einmal wollte Petrus Abaelard an der Universität lehren. Die wissenschaftlichen Erkenntnisse, die er erworben hatte, neu zu diskutieren, war seine Absicht. Etwa 1135/36 begann Abaelard, erneut in Paris zu lehren. Dort hörten ihn Johannes von Salisbury und Petrus Lombardus, die beide zu bekannten, philosophisch inspirierten Theologen wurden, geprägt durch das Denken Abaelards. Doch auch im Alter ergaben sich neue Konflikte. In Bernhard von Clairvaux, einem sturen Konservativen, fand Abaelard einen erbitterten, aber geistig ebenbürtigen Gegner. 1140 wurde er der Häresie schuldig gesprochen. Durch Fürsprache des Abts von Cluny allerdings schloss er Frieden mit Bernhard.

Petrus Abaelard wollte die Kirche weder revolutionieren noch aufheben, er suchte vielmehr nach vernünftigen Gründen für die Dogmen. Auch bekannte er, dass Gott allein die Wahrheit sei. Zuweilen spricht er von der „kleinen Vernunft" des Menschen, die doch stets wieder der göttlichen Führung bedürfe. Die Widersprüche, die ihn bewegten, vermochte Abaelard nicht gänzlich zu lösen. Die moralische Überhöhung ehelichen Lebens lehnte er ab, betonte den pragmatischen Wert partnerschaftlicher Bündnisse, die ihm als ein probates Mittel gegen jede ausschweifende Liebesleidenschaft galten. Als Haltung empfohlen ist eine alte Tugend der Ordensbrüder, die Demut, die auch für Petrus Abaelard, der auch als Troubadour unter den Scholastikern galt, deutlich zeigt, dass menschlicher Erkenntnis Grenzen gesetzt sind und dass kein Mensch sich selbst erlösen, wohl aber das Leben ohne Gott durchaus anständig meistern kann. Wie so viele Denker versuchte Petrus Abaelard, das Gemeinsame des Glaubens und der Vernunft aufzuzeigen, und war überzeugt, dass ein widervernünftiger Weg zu Gott ein Widerspruch in sich selbst sein muss. Im Vorwort zu „Sic et Non" bekannte er: „Zweifelnd gehen wir an die Untersuchung, fragend erblicken wir die Wahrheit."

Ermattet von aufreibenden Auseinandersetzungen begab sich Abaelard auf den Weg nach Rom, um darzulegen, dass er kein Ketzer sei. Unterwegs starb er, körperlich stark geschwächt, am 21. April 1142 einen gnädigen Tod. Seinem Wunsch gemäß wurde der Leichnam in Argenteuil beigesetzt. Heloise starb Jahre später. Ihre letzte Ruhestätte fand sie an Abaelards Seite.

Hildegard von Bingen

Unter den Mystikerinnen des Mittelalters ist vielleicht keine Philosophin so bekannt wie Hildegard von Bingen. Die Faszination, die die von ihr betriebene, ganz eigene Form der Naturheilkunde und die spirituelle Dimension ihres Werkes ausüben, reicht weit über ihre Zeit hinaus. Vergessen dürfen wir dabei nicht, dass Hildegard uns nicht als eine eigenwillige Heilkundige vorgestellt wird, sondern dass wir in ihr eine der bedeutendsten Denkerinnen des Mittelalters begegnen.

Das Bemühen um einen Einklang von Glauben und Vernunft sehen wir bei aller Verschiedenheit in Schaffen und Charakter bei Anselm von Canterbury wie bei Petrus Abaelard. Hildegard von Bingen jedoch repräsentiert noch die ausklingende monastische Theologie. Wer sich dieser zugehörig weiß, orientiert sich an einer dreigliedrigen Methode der mystisch-spirituellen Erkenntnis. Wie aus der Bezeichnung bereits ersichtlich, erwächst die monastische Theologie aus den Ordensgemeinschaften und Klöstern. Wie die Scholastiker nimmt sie ihren Ausgang mit der „Lectio", der Lektüre der Bibel. In der Scholastik wird sodann die „Quaestio" formuliert, also die Fragestellung, die Aspekte, unter denen ein bestimmtes Problem untersucht wird, was dann in eine „Disputatio" mündet. In dem Gespräch, das von Gegensätzlichkeiten geprägt sein kann, werden verschiedene Argumente aufgeführt, Kirchenväter zitiert und theologische Einsichten erkundet, die schließlich in einer Art Fazit zusammengefasst werden. Die monastische Theologie hingegen verharrt nicht bei der Lektüre der Heiligen Schrift; dieser schließt sich sogleich eine Betrachtung an. Die „Meditatio" ist eine geistliche Übung. Die Texte der Bibel finden Widerklang im Betrachtenden. Wer sich auf diese Weise die Bibel vergegenwärtigt, sucht nicht nach einer abstrakten Erkenntnis, sondern danach, die Mitte für sich selbst zu finden. Das Gelesene wird inwendig angeeignet. Der letzte Schritt der Erkenntnis ist demnach nicht die Formulierung einer wissenschaftlichen Einsicht, sondern die „Oratio", das Gebet des Betrachtenden.

Anders als die Scholastiker strebte Hildegard von Bingen nicht nach einem Wissen, das schon den Ansprüchen von Wissenschaft genügen konnte, sondern sie bemühte sich um eine resonanzvolle Aneignung der biblischen Texte, um ein inneres Verstehen und eine eher kontemplativ-mystisch zu nennende Schau der Ordnung der Schöpfung. Gott, Welt und Mensch bilden für die Benediktinerin eine Ganzheit, die auch als Ganzes deutbar ist. All das, was ihr begegnet, versucht sie symbolisch aufzufassen. Hinter jeder Erscheinung in der Welt lässt sich ein Verweis auf den verborgenen Gott erblicken. Hiervon ein Wissen zu formulieren, ist zwar möglich, aber nicht auf dem geordneten, logisch nachvollziehbaren Weg der Scholastiker. Hildegard von Bingen verweist in ihrem Hauptwerk „Sci vias", das heißt übersetzt „Wisse die Wege", auf die mystische Erleuchtung. Im Jahr 1141 traf die demütige Nonne ein „feuriges Licht mit Blitzesleuchten vom offenen Himmel", das Herz, Sinne und Verstand durchströmte und mit liebender Wärme erfüllte. Durch diese Erfahrung erschloss sich Hildegard der Sinn der Heiligen Schrift ganz neu. Innerlich ergriffen und „mit klarem Geiste" vernahm sie in der vollkommenen „Reinheit der Einfalt" die Worte eines „himmlischen Gesichtes": „Ich bin das lebendige Licht, das alles Dunkel durchleuchtet." Nicht vermittels geordneten Denkens, sondern auf dem Weg einer mystischen Eingebung entdeckte Hildegard ihre Aufgabe. Sie verstand sich von nun an als Werkzeug Gottes und glaubte, seinen Willen zu tun.

Hildegard von Bingen, die einer adligen Familie entstammt, wurde 1098 in Bermersheim geboren. Im Alter von drei Jahren hatte sie ein außergewöhnliches mystisches Erlebnis, wovon sie in ihrer Lebensbeschreibung berichtet. Als kleines Mädchen sah sie „ein so großes Licht", so dass „meine Seele erbebte". Im Lauf der Zeit bezeichnete Hildegard dieses Licht als das „lebendige Licht". Sie hat diese Schau als Offenbarung Gottes aufgefasst. Im Glanz dieses Lichtes sah Hildegard die Welt auf eine gänzlich neue Weise. Was sie schaute, blieb anderen verborgen. Auch sie selbst rätselte lange Zeit, was diese mystische Schau bedeuten mochte. Hildegard von Bingen erkannte ihre Erwähltheit. In einem Brief heißt es: „Die Gabe der Schau wurde meiner Seele schon vor meiner Geburt vom Schöpfergott eingeprägt." So besehen gaben die Eltern ein erleuchtetes Kind in die Obhut der Frauenklause der großen Benediktinerabtei Disibodenberg. Die Klausnerin Jutta von Sponheim, Vorsteherin der kleinen Frauengemeinschaft, nahm sich Hildegards an, die dort lesen und schreiben lernte. Auch fügte sie sich in das klösterliche Leben ein, entsprechend der benediktinischen Maxime „Ora et labora", das heißt: „Bete und arbeite". Hildegard studierte geistliche Texte, lernte Psalmen zu singen und führte das Leben einer Ordensschwester in der Teilhabe an der Gemeinschaft, aber auch in der kontemplativen Besinnung der Einsamkeit. Fast 40 Jahre verbrachte Hildegard von Bingen in diesem Kloster. Sie war eine gebildete, doch demütige Frau, bezeichnete sich selbst gern als „einfachen Menschen". Gleichwohl verfügte sie über beachtliche Kenntnisse. Die Bibel hatte sie ausgiebig studiert. Zudem sollte die Beschäftigung mit der Theologie und Philosophie sowie mit der Naturkunde alsbald reiche Frucht tragen.

1141 war ein Wendejahr für die Klosterfrau. Bald wurde sie als „deutsche Prophetin" und als „Posaune Gottes" verehrt – und als erste Theologin von Rang angesehen. Was mit Hildegard von Bingen geschah, beschreibt sie anschaulich in ihrer Abhandlung „Sci vias": „Im Jahre 1141 der Menschwerdung Jesu Christi, als ich 42 Jahre und sieben Monate alt war, kam ein feuriges Licht mit Blitzesleuchten vom Himmel hernieder. Es durchströmte mein Gehirn und durchglühte meine Brust. Und plötzlich erschloss sich mir der Sinn der Schriften ... Und ich vernahm eine Stimme vom Himmel, die zu mir sprach: ‚Schreibe auf, was du siehst und hörst!' ... Ich sehe all diese Dinge nicht mit den äußeren Augen und höre sie nicht mit den äußeren Ohren; ich sehe sie vielmehr einzig und allein in meinem Inneren, aber mit offenen leiblichen Augen, so dass ich niemals die Bewusstlosigkeit einer Ekstase erleide, sondern wachend schaue ich dies bei Tag und bei Nacht."

Hildegard von Bingen verstand ihr Erlebnis als göttlichen Auftrag und betrachtete sich fortan als Prophetin, als Sprachrohr Gottes. Die mystische Schau und die Gegenwärtigkeit des „lebendigen Lichtes“ veranlasste sie aber nicht zu einem Rückzug aus der Welt. Hildegard suchte nicht die Nähe zu Gott für sich selbst. Sie fühlte sich verpflichtet, das, was ihr offenbart wurde, in die Welt zu tragen, um mit „brennender Vernunft“ tätig zu sein und Gutes zu bewirken. Die Wirklichkeit Gottes wollte Hildegard von Bingen den Menschen ihrer Zeit neu bewusst machen. Die Benediktinerin kehrt aus der Einsamkeit ihrer monastischen Lebensweise in den Alltag zurück.

In törichter Eitelkeit und selbstgerechter Verblendung sträubt sich der menschliche Wille gegen die hingebungsvolle göttliche Liebe. Jeder Mensch trachtet danach, die Lust am besinnungslosen Selbstgenuss obsiegen zu lassen und streitet unentwegt wider bessere Einsicht. Allein die liebende Ausrichtung auf das „Himmlische“ führt zu „ewigem Lohn“: „Viel Erkenntnis hast du in dir, viel Verständnis wird deshalb von dir gefordert werden. Großes hast du empfangen, Großes muss von dir zurückverlangt werden.“ Aufrichtigen Herzens ist jeder Mensch gerufen, sich Gott zu nähern, sowohl von täuschenden Anstrengungen und geheuchelter Ergebenheit als auch von der hochmütigen Anmaßung eines selbst erdachten „Weges der Heiligkeit“ abzulassen. Die Läuterung muss redlich sein. Auch die offensichtliche „Abschüttelung weltlicher Geschäfte“ und „züchtige Jungfräulichkeit“ können mitunter Zeichen einer „törichten Aufgeblasenheit“ sein: „Solche Menschen bilden sich ein, alles zu können, was sie vorhaben. Sie wollen nicht zusehen, wer und was sie sind oder was sie leisten können, noch sich zum Bewusstsein bringen, wer sie gebildet hat und wer ihr Gott ist. Gott soll ihr Diener sein, der all ihr Begehren ausführen muss.“

Den „Acker“ des eigenen Herzens gilt es in Augenschein zu nehmen. Sich selbst also soll der Mensch erkennen und bußfertig sein. Auch ein „verlorenes Schaf“ darf auf Gott hoffen, der „höher als alles“ ist und in der rettenden Kraft seiner barmherzigen Liebe selbst dem „Werke der Bosheit“ noch die „höchste Güte“ entgegensetzt. Die durch die Taufe neu geborenen „Schäflein“ werden durch Christus emporgetragen und in den Schoß Gottes gehoben, so dass der Mensch, Hildegards Vision zufolge „schmutziger Lehm“ im „Herzen des gütigen Vaters“, im „innersten Geheimnis der Gottheit in seiner Natur“ erscheint: „Er trägt also die Schäflein in seinem Herzen, Er trägt die Menschen in seinem Blute.“

Antwortet Gott aber jedem Menschen, der sich ihm zuwendet? Hildegard von Bingen entgegnet leidenschaftlich: „Wenn du, vom himmlischen Anstoß berührt, zu mir rufst, wirst du Antwort von mir vernehmen ... Wenn du gefallen bist, so suche mich in gläubigem Hilferuf, und ich werde dich aufrichten und emporziehen ...“

In ihren Schriften verbindet Hildegard von Bingen Theologie und Kosmologie, Naturkunde und Spiritualität. Aus dem mystischen Erlebnis entwickelte sie eine vielschichtige Darstellung des christlichen Daseins in all seinen Facetten. Sie deutete alles religiös und sah im Weltgefüge ein Jegliches als miteinander verbunden an. Im Ganzen der Welt spiegelte sich für sie die Liebe Gottes.

Knapp zehn Jahre arbeitete Hildegard von Bingen an ihrem Werk „Sci vias“. Das Schreiben fiel ihr schwer, es war ein mühevoller Prozess. Die Schwierigkeiten lösten sich erst durch die Erfahrung physischen Schmerzes: „Erst als Gottes Geißel mich auf das Krankenlager warf, legte ich endlich Hand ans Schreiben. Die heftigen Schmerzen erlitt ich deshalb, weil ich die Schau, die mir gezeigt wurde, nicht offenbaren wollte.“ Die Abhandlung „Sci vias“ verfügt über zahlreiche Qualitäten. Hildegard erzählt in dieser Schrift die Heilsgeschichte von der Erschaffung der Welt bis hin zum Ziel der Geschichte. Gott, Kirche und Mensch, Anfang und Ende der Zeiten beschäftigen sie leidenschaftlich. Als vornehmstes Geschöpf gilt Hildegard der

Mensch. Sie verweist auf den Einklang von Mensch und Kosmos am Anfang. Immer wieder aber durchbricht der „homo rebellis“, der wider göttliches Gesetz aufbegehrende, tief sündige Mensch, diese Ordnung und treibt ein Werk der Zerstörung. Das Zentrum des Denkens bildet für Hildegard von Bingen auch in dieser Schrift das Zentrum des Glaubens. Gott beschreibt sie in wechselnden Bildern. Als „höchste Kraft aus Feuer“, als „Leben“ und als „Geist“, der zu vernünftigem Denken anleitet. Gott gilt ihr als „geordnetes Leben“, als „Liebe“ und „Weisheit“, als „Rad“ ohne Anfang und Ende. Die Schöpfung als Ganzes besteht in Gott vom Anfang der Zeiten. Hildegard von Bingen spricht von der „praescientia Dei“, von einem als unbegreiflich aufgefassten Vorauswissen, das im Herzen Gottes, nicht im Geist oder Verstand des Höchsten verborgen liegt. Nur aus der Liebe heraus ist die Schöpfung entstanden. Gott wollte von sich erzählen, sich zeigen, sich offenbaren, sich mitteilen. In allem Lebendigen existiert ein Bezug zu Gott. Hildegard legt dar, dass der Schöpfer auf Zeichen seiner Kreaturen wartet, auf eine Entgegnung. Auf beste Weise geschieht dies in der Erkenntnis der Liebe Gottes und in der Erwiderung durch Lobgesänge. Die Schönheit der Natur preist Gott, der liebende Mensch tut es auf seine Weise. Dialogisch fasst sie die Beziehung zwischen Gott und Mensch auf. Ein jeder vermag auf seine Weise Gottesdienst zu halten, sich in ein liebendes Verhältnis zu den Mitmenschen und zur Natur zu setzen, sich schließlich zu Gott hin zu wenden.

Hildegard von Bingens mystisches Werk fand zahlreiche Fürsprecher. Insbesondere Bernhard von Clairvaux setzte sich für ihre Schrift „Sci vias“ ein. Auf der Synode von 1147 las sogar der anwesende Papst Eugen III. den versammelten Bischöfen daraus vor. Für die Kirche als Ganzes anerkannte er diese Schrift, ermutigte die Benediktinerin sogleich zu weiteren philosophischen wie theologischen Schriften. Hildegard von Bingen wurde von dieser Zeit an berühmt. Sie begann in der Öffentlichkeit von Kirche und Politik zu wirken. Aus der demütigen Ordensschwester wurde eine auf vielfältige Weise einflussreiche Frau, die nunmehr mit vielen Zeitgenossen im Briefwechsel stand. Sie äußerte sich als engagierte Frau ihrer Zeit, nicht als Mystikerin. Viele Menschen suchten bei ihr Rat, kirchliche Würdenträger und weltliche Herrscher, aber auch einfache Priester und Bauern. Kaiser Friedrich Barbarossa beispielsweise empfing deutlich mahnende Worte von der „Posaune Gottes". Sie riet ihm entschieden, Christus als Vorbild nachzueifern und nicht selbstgerecht Politik zu treiben. Er sollte sich bewusst machen, so möchte man bei der Lektüre denken, dass nicht der politisch mächtigste Mensch der Herr dieser Welt sei. So wurde der Kaiser ermahnt: „Auch du bist ein Diener Gottes, der du eingesetzt bist, Gottes Herde zu leiten und zu schützen. So höre: Gott gab dem Menschen das Gesetz. Deshalb ahme auch du den höchsten Richter und Lenker in seiner Barmherzigkeit nach. Er allein ist der Weg der Wahrheit. Alle Gewalt und Herrschaft geht allein von ihm aus; alles empfängt von ihm seinen Namen. Dem gemäß sollen die Herrscher der Erde ihre Völker regieren ... Möge der Heilige Geist dich also belehren, dass du gemäß seiner Gerechtigkeit lebst und wirkst."

Entschieden wandte sie sich auch gegen Priester, wenn sie zu erkennen glaubte, dass diese nicht überzeugend für die Sache Christi wirkten und mehr ihre eigenen Interessen verfolgten. In einem Brief an den Klerus der Erzdiözese Köln heißt es: „Geliebte Söhne, Gott hat euch eingesetzt, damit ihr leuchtet durch das Feuer der Lehre, glänzt durch euren guten Ruf und die Herzen der Menschen brennen macht ... Eure Zungen aber sind stumm. Deshalb fehlen bei euren Predigten die Lichter, wie wenn die Sterne nicht leuchten. Ihr seid Nacht, die Finsternis aushaucht ... Ihr solltet eine Wohnstätte sein, in der Gott wohnt. Aber das seid ihr nicht ... Ihr schaut nicht auf Gott und verlangt auch nicht danach, ihn zu schauen. Ihr blickt vielmehr auf euch selbst und auf eure Werke und urteilt nach eurem eigenen Gefallen. ... Ihr müsstet die starken Eckpfeiler sein, die die Kirche stützen, aber ihr seid kein Halt mehr für sie. Deshalb kehrt um und müht euch nach Kräften, diesem Wandel zu entfliehen."

1150 verließ Hildegard mit den Benediktinerinnen ihre Klause in Bingen. Gegen den sich durchaus ruppig artikulierenden Widerstand der Mönche vom Disibodenberg zogen sie in das Kloster vom Rupertsberg, das sich zu diesem Zeitpunkt noch im Bau befand. Hildegard verfasste in dieser Zeit ihr Mysterienspiel „Ordo Virtutum", das heißt „Ordnung der Kräfte". 1152 wurde es zum ersten Mal aufgeführt. Thematisch verwandt mit diesem Bühnenstück, ist ihr bald darauf begonnenes theologisches Werk „Buch der Lebensverdienste". Hildegard von Bingen verfasste eine moralische Lehrschrift besonderer Art, ein ethisches Kompendium mit appellativen Zügen. Sie führt Tugenden und Laster auf, kennzeichnet den Widerstreit, in welchem sich die menschliche Seele fortwährend befindet. Der Mensch ist ihrer Auffassung nach von Natur aus mit dem Wissen um Gut und Böse ausgestattet. In seinem Inneren befindet er sich fortwährend im Streit. Die Situation der Entscheidung besteht in jeder Lebensphase. Das menschliche Gewissen vermag das Gute zu wählen. Hildegard schreibt: „Da du dieses Wissen um Gut und Böse in dir hast und da du die Fähigkeit hast, entsprechend zu wirken und zu handeln, kannst du dich durch nichts entschuldigen." Sie führt sogleich die Begierden und Triebe auf, von denen der Mensch beherrscht ist, die Bedürfnisse, nach deren Erfüllung er begierig verlangt und die sein Handeln deutlicher bestimmen, als er zumeist wahrhaben möchte. Hildegard von Bingen erwidert ebenso rigoros wie kompromisslos: „Wer das Gute nicht tut, wen Gesetzlosigkeit, Gewalt und Willkür beherrschen, der macht sich selbst unfrei und wird so zum Sklaven seiner eigenen Begierden."

Der Anspruch der von ihr entfalteten Tugendethik ist freilich religiös konnotiert, jedoch spiegelt sich in ihren Ausführungen auch antikes Gedankengut wider. Die Herrschaft über sich selbst hält Hildegard für wesentlich. Maß zu halten wird empfohlen, Ehrfurcht gegenüber der Natur, ebenso Wahrhaftigkeit und Treue. Wer diese ethischen Forderungen beherzigt, dem wird es wohlergehen auf dieser Welt. Sie bringt das persönliche Befinden damit in Einklang. Sittliches Handeln und Gesundheit lassen sich nicht trennen. Der „große Arzt“ ist Christus selbst. Die Lebensführung soll somit in einem ganz konkreten, diesseitigen Sinn heilsam sein. Zugleich erwirbt sich ein jeder, der nach den Weisungen Christi lebt, gewissermaßen Schätze im Jenseits. Auf diesem Weg zu gehen, bedeutet auch, Kreatur und Schöpfer wieder miteinander zu versöhnen. Bewegen muss sich hierbei freilich nicht Gott, sondern einzig der Mensch.

Hildegard von Bingen denkt das Weltgefüge als Einheit. Der Mensch ist ein Teil dieses Ganzen. Die natur- und heilkundlichen Schriften wurden zwischen 1150 und 1165 abgefasst. Untergliedert sind diese in zwei Bände, „Physica“, in dem pflanzliche Arzneimittel beschrieben werden, und „Causae et curae“, in dem erfolgversprechende Heil- und Behandlungsmethoden dargelegt sind. Diese Abhandlungen stammen wohl nur zu einem Teil von Hildegard selbst. Zahlreiche Bezüge zur antiken Heilkunde sind erkennbar, ebenso eine unabweisbare geistige Verwandtschaft zu christlichen und benediktinischen Traditionen. Als wirksamste Arznei benennt Hildegard die „misericordia“, die Barmherzigkeit, und jene demütige Gesinnung – eigentlich eine Disposition –, die vielleicht auf beste Weise als Reue des Herzens bezeichnet werden kann. Zudem führt eine auf diese Weise gestaltete Lebensführung, ein so besehen „gutes Leben“, auch zur Gesundheit. Seelisches und körperliches Wohlbefinden erscheinen als zwei Seiten derselben Medaille.

Dieser Einklang zeigt sich auf besondere Weise auch in den „Symphonia", den Lieddichtungen, die zwischen 1151 und 1158 entstanden sind. Hildegard dichtete und komponierte Kirchenmusik. In ihren Liedern preist sie die Harmonie des Himmels. Die Musik fasst sie als göttlich auf. Hildegard glaubt, dass der „Lebenshauch" von Gott in „preisenden klingenden Harmonien" Gestalt annimmt. Befindet sich der Mensch mit sich selbst und mit Gott im Einklang, so erfährt er sich als leicht und unbeschwert. Hildegard von Bingen hält im Verhältnis von Mensch und Welt einen solchen Wohllaut für möglich. So ist für sie der Kosmos gleichsam gestimmt. Eine „musica mundana" besteht als Strukturprinzip, eine sphärische Harmonie, die in der Seele des Menschen ihre Entsprechung finden kann. Die Harmonie des Kosmos und der Einklang der Seele verweisen auf den wohlgeordneten Himmel, auf die Schönheit der göttlichen Harmonie.

Dieser Gedanke der Einheit und Harmonie kehrt auch in ihrem letzten großen Traktat wieder, das „Liber divinorum operum", das bedeutet übersetzt das „Buch der göttlichen Werke". Hildegard schreibt über das Verhältnis von Mensch und Welt. Gott erschuf aus übergroßer Liebe die Erde. Sofern die Liebe Gottes in Mensch und Welt aufscheint, erstrahlen beide als Kunstwerke ihres Schöpfers und verweisen auf ihn: „So wie der Künstler seine Formen hat, nach denen er seine Gefäße macht, so bildet Gott die Gestalt des Menschen nach dem Bauwerk des Weltgefüges, nach dem ganzen Kosmos." Sie verweist auf die Symbole der Liebe Gottes, auf das „Rad", das ist der Kreis, und das „Kreuz". Die Schöpfung bildet eine Einheit. Der Mensch darf auf Erlösung hoffen. Hildegard von Bingen schreibt: „O Mensch, schau dir den Menschen an: er hat Himmel und Erde und die ganze übrige Kreatur in sich. In ihm ist alles verborgen schon vorhanden. O wie herrlich ist Gott, der schöpferisch wirkt und seine eigene Herrlichkeit durch die Geschöpfe offenbart. Wenn du zu deinem Schöpfer aufblickst und sagst ‚Mein Gott bist du', dann entzündet sich in dir das Feuer der Liebe, aus der alles Leben entsteht und alles Gute hervorgeht. Du hast also die Wahl, denn du kannst nicht zwei Herren dienen. Darum, o Mensch, schau auf zu deinem Gott – und die Erde wird neu werden!"

Die Äbtissin vom Rupertsberg war eine gefragte Predigerin. Auch im hohen Alter unternahm sie noch zahlreiche Reisen. In Mainz und Würzburg, in Köln und Trier und in vielen anderen Städten rief sie auf zu einer ethischen Neubesinnung, zu einem Leben nach den Geboten Gottes. Das Benediktinerinnenkloster erwies sich als zu klein für die zahlreichen Ordensschwestern und Novizinnen. Hildegards Berühmtheit war es zu verdanken, dass viele junge Frauen den Weg in die Abtei auf dem Rupertsberg fanden. In Eibingen kaufte Hildegard von Bingen ein ehemaliges Kloster der Augustinermönche. 1165 konnten 30 dort Nonnen einziehen. Hildegard hatte nun als Äbtissin zwei Klöster zu beaufsichtigen. Dieser Pflicht kam sie gewissenhaft nach.

Arbeitsam blieb sie bis in ihre letzten Lebensjahre. Die Äbtissin stritt weiter für den Glauben und dort, wo es ihr nötig schien, auch wider die Kirche. Sie glaubte sich von Gott auserwählt und berufen und erlaubte sich, kirchliche Gesetze zu übertreten; nicht aus Hochmut, sondern im Dienst Gottes. Einen exkommunizierten Adligen, der kurz vor seinem Tod die Sakramente empfangen hatte, ließ sie auf dem Klosterfriedhof beisetzen. Der Bischof von Mainz forderte sogleich die Exhumierung des Leichnams. Hildegard von Bingen weigerte sich entschieden und blieb unbeugsam. Der Bischof verfügte, dass sie keinen öffentlichen Lobpreis Gottes mehr singen und beten durfte und schloss sie vom Empfang der heiligen Kommunion aus. Exkommuniziert wurde sie nicht. Hildegard von Bingen fügte sich, kämpfte aber gegen dieses sogenannte Interdikt an und rückte nicht von ihren Überzeugungen ab. Am Ende ihres

Lebens wurde die Strafe zurückgenommen. Also durfte sie wieder am Stundengebet teilnehmen und auch die Kommunion empfangen. Die Äbtissin starb am 17. September 1179 im Alter von 83 Jahren in tiefem Vertrauen auf die erlösende Gnade und barmherzige Liebe Gottes. Die Benedikterinnern der Abtei vom Rupertsberg und von Eibingen begruben mit ihrer Äbtissin Hildegard von Bingen die letzte große und vielleicht bedeutendste Repräsentantin der monastischen Theologie, eine philosophisch inspirierte Mystikerin und eine wahrhaft starke Frau.

III. Das Zeitalter der Hochscholastik

Anselm von Canterbury und Petrus Abaelard belebten durch ihre Werke und ihr Wirken das Gespräch über das Verhältnis von Glaube und Vernunft neu. Sie bereiteten somit den großen Gelehrten den Weg, die ihnen als Wissenschaftler, aber auch als gläubige Christen nachfolgten. So unterschiedlich ihre Persönlichkeiten auch waren, die Dominikanermönche Albert der Große und Thomas von Aquin und der Franziskaner Bonaventura stellen außerordentlich eindrucksvolle Gestalten der abendländischen Geistesgeschichte dar. Vergegenwärtigen wir uns heute diese Zeit, so erscheinen uns die Diskussionen über Engel oder auch die Fragen nach der Realpräsenz Christi in der Eucharistie vermutlich nur bedingt bedeutsam. Doch die Hochscholastik zeigt sich in ihrem ernsthaften Bemühen, die Verbindungen von Glaube und Vernunft zu suchen, als eine Hochphase philosophischer und theologischer Reflexion. Als maßgebliche Gestalt der Scholastik gilt bis in unsere Zeit Thomas von Aquin, jener Philosoph, der seiner Leibesfülle wegen von Kommilitonen als „stummer Ochse“ verhöhnt wurde. Gewiss erkannte sein Lehrer Albert die herausragende Begabung des jungen Denkers und erwiderte den Spöttern, dass man noch staunen werde, wenn das „Brüllen dieses stummen Ochsen die Welt erschüttere“.

War Thomas der Bedeutendste unter den Scholastikern? Oder gebührt dieser Rang nicht eher seinem Zeitgenossen Bonaventura, der, anders als Thomas, zwar nur wenige Schriften abfasste, aber aufgrund seiner mystischen Spiritualität ungleich tiefsinniger zu sein scheint? Vielleicht, so mag man einwenden, ist der eigentliche Repräsentant dieser Zeit auch Albert, ein vielseitig interessierter, ausgesprochen weiser Lehrmeister, der den Genius des jungen Thomas erkannte und diesem begabten Studenten den Weg bahnte. Es ist aber müßig zu entscheiden, welcher dieser Philosophen der bedeutendste in seiner Zeit war oder uns aus heutiger Sicht als solcher erscheint – wichtig ist vielmehr, den Philosophen der Hochscholastik nun als Menschen und Wissenschaftlern mit ihren ganz eigenen Denk- und Lebenswegen zu begegnen.

Albert der Große

Im Jahr 1200 wurde Albert in Lauingen an der Donau geboren. Schon als kleiner Junge stellte er Naturbeobachtungen an, empirische Forschungen hatten es ihm angetan. Albert experimentierte gern, mochte den Wald und die Tiere auf dem Feld. Die Schönheit der Natur bewunderte er ausgiebig. Eignete sich dieser junge Mann für ein ernsthaftes Studium? Die Schöpfung faszinierte und erfreute ihn. Albert hatte Freude daran, den Flug der Vögel zu beobachten, aufzuzeichnen, was er sah, und von seinen Erlebnissen zu berichten. Er lief über die Felder, studierte die Lebensgewohnheiten der Tiere. In seinen naturkundlichen Abhandlungen schreibt Albert etwa: „Ich habe oft den Schwalben zugesehen und beobachtete, dass die jungen Schwalben nie ihr Nest beschmutzen."

Albert war ein ausgesprochen gläubiger Mensch, doch kein bigotter Traditionalist. Sein weitgespanntes Interesse an den Phänomenen der Natur veranlasste ihn zu vielfältigen empirischen Studien. Jäger befragte er eingehend zu Lebensgewohnheiten der Tiere. Wenn er auf seinen Spaziergängen durch Wald und Flur besonders schöne Steine entdeckte, so nahm er sie mit. Zuweilen suchte er gezielt Steinbrüche auf, stets begierig, Neues über Gottes Schöpfung zu erfahren. Die Wunder der Natur hielt er für ungleich beeindruckender als alle Schlösser, Kunstwerke und Kirchen: „Die schönsten Dinge auf dieser Welt, die alles von Menschenhand Geschaffene in den Schatten stellen, kosten überhaupt kein Geld. Der prächtigste Dom ist im Vergleich zu einem hohen Tannenwald nur ein wüster Steinhaufen. Kein Gemälde kann es mit einem unerreichbar schönen Sonnenuntergang aufnehmen."

Zunächst hörte Albert in Padua Vorlesungen über Medizin, wechselte bald, nach einer Begegnung mit dem Dominikaner Jordan von Sachsen, das Studienfach und wandte sich der Theologie zu. Als er 1223 dem Dominikanerorden beitrat, wusste Albert bereits, dass er zu einem einsamen Dasein als Gelehrter ebenso wenig taugte wie zu einem Mystiker. Er war Novize der Dominikanermönche in Köln. Dort beendete Albert auch das Studium der Theologie. Bald danach wurde er als Lesemeister in andere Konvente gesandt. Albert gelangte bis nach Hildesheim, besuchte die Mitbrüder in Freiburg, Regensburg und Straßburg. Überall fand sein Unterricht Anklang. Der junge Lektor war ein außerordentlich begabter Theologe, ein pflichtbewusster Lehrer und zugleich ein einfühlsamer Seelsorger, dem seine Aufgaben Freude machten. Albert verfasste sein erstes Werk „Über die Natur des Guten". Er suchte den Dialog mit den Mitbrüdern und bemühte sich, im Sinne des Ordensgründers Dominikus zu wirken, „mit Gott oder mit anderen von Gott zu sprechen". Doch Albert fühlte sich nicht nur für die Seelsorge der Mönche zuständig. Für die Menschen da zu sein, die ihn nötig hatten, das war ihm wichtig. Für das „Heil der Seelen" zu arbeiten bedeutete für ihn, ganz praktisch verstanden, dem Mitmenschen zuzuhören – zu predigen, aber in gleicher Weise „gute Ratschläge" zu erteilen und „heilsame Belehrungen" anschaulich wie lebensnah zu vermitteln.

1243 erhielt Albert einen Ruf an die Universität von Paris. Dort las er über die Sentenzen des Petrus Lombardus. Zum Magister der Theologie wurde Albert zwei Jahre später erhoben. Die Gelehrten waren in Unruhe. Die Philosophie des Altertums wurde allmählich neu entdeckt, durch die arabischen Kommentatoren wurde die aristotelische Philosophie bekannt. Unter gebildeten Christen sorgte dies für Aufruhr. Lässt sich die Welt etwa ohne Gott erklären? Alberts Interesse an der Philosophie der Antike war nun geweckt. Er wusste, dass eine blinde Abwehr dieses Gedankenguts töricht sein würde. Nicht pauschal die Philosophie abzulehnen, sondern nach Verbindendem und Gemeinsamkeiten zu suchen, erschien ihm wichtig. Glaube und Vernunft durften nicht als unaufhebbare Gegensätze verstanden werden. Bald entdeckte Albert seine Sympathie für die Philosophie des Aristoteles. Möglicherweise dachte er auch an die Metaphysik und die Ethik, aber die geistige oder vielleicht sogar seelische Verwandtschaft zu Aristoteles entdeckte er darin, dass dieser ausufernd gebildete Denker aus dem alten Griechenland an empirischen Studien und der Erforschung der Natur großes Interesse hegte. Albert erkannte, dass eine produktive Auseinandersetzung mit der aristotelischen Philosophie der christlichen Lehre dienlich und eine ahnungslose Abwehr vermeintlich fremden Gedankenguts unvernünftig war.

Konservative Gelehrte hielten diese Philosophie für gefährlich. Sie fürchteten, dass die Erklärungsmodelle der Antike die theologischen Deutungen und deren dogmatische Ansprüche ablösen könnten. Die Spiritualität blieb gebunden an die Lehren des Neuplatonismus, die nach Europa strömenden Einflüsse islamischer und jüdischer Philosophie hingegen wurden misstrauisch und ablehnend betrachtet. Nicht der Philosophie neue Geltung zu verschaffen, sondern die Theologie entschieden wider diese zu behaupten, lag im Interesse zahlloser machtbewusster Kleriker. Auch Albert wollte nicht einfach die christliche

Theologie durch die Philosophie des Aristoteles ersetzen. So erkannte er Unzulänglichkeiten in dessen Werken. Das Problem der Unsterblichkeit der Seele etwa ließ Aristoteles unbeachtet. Albert nahm auch nicht die aristotelische These der Ewigkeit der Welt als wahr an, sondern die christliche Überzeugung, dass Gott die Welt geschaffen hatte. Albert kommentierte die Ansichten und Meinungen der konservativen Gelehrten über Aristoteles eindeutig: „Diese Dummköpfe lästern, was sie nicht verstehen." Vor Absurdem hütete sich Albert. „Fabeleien" seien es nicht wert, dass man sich mit ihnen beschäftigt. Er forderte, die Philosophen der Antike ernst zu nehmen. Man solle sich kritisch mit ihren Abhandlungen auseinandersetzen und übernehmen, „was sie richtig gesagt haben". Den Ordensmännern, die sich gegen das Studium der Philosophie aussprachen, entgegnete er: „Sie lassen ihre Mitbrüder nicht in angenehmer Gemeinschaftsarbeit die Wahrheit suchen."

Albert verfasste einen Kommentar zur „Politik" des Aristoteles. Im Schlusskapitel führte er aus, dass es wichtig sei, sich mit dessen Werken zu beschäftigen: „Ich sage das deshalb, weil einige Faulenzer, die eine Entschuldigung für ihre Faulheit haben wollen, in den Büchern nur Dinge suchen, die sie tadeln können. In Trägheit erstarrt, suchen sie, um mit ihrem Nichtstun nicht allein dazustehen, den Erwählten einen Makel anzuheften."

In Paris begegnete Albert einem außerordentlich begabten, schweigsamen Dominikanermönch. Dieser studierte immerzu. Bald erkannte Albert das herausragende Talent des jungen Thomas von Aquin. Anders als sein Lehrer hegte Thomas ein lebhaftes Interesse für filigrane theologische Untersuchungen. Den empirischen naturwissenschaftlichen Studien Alberts konnte er nichts abgewinnen.

Albert betrieb streng erfahrungswissenschaftliche Naturforschung mit der Absicht zu untersuchen, „was im Bereich der Natur durch natureigene Kräfte auf natürliche Weise alles möglich ist". Aberglaube zu bekämpfen und Ignoranz zu überwinden war ihm außerordentlich wichtig. Albert erkannte, dass auch fromme Gelehrte zuweilen spiritistischen Deutungsmodellen anhingen. Wissenschaftlich tätig zu sein bedeutete für ihn, vernünftige Erklärungen zu suchen, nicht beliebig Spekulationen anzustellen – und diese sodann für theologisches Wissen mit dogmatischem Anspruch auszugeben. Logische Gedankenschlüsse können empirische Forschungen nicht ersetzen. Schlussfolgerungen, die in sich stimmig erscheinen mögen, können trotzdem falsch sein. Über das Himmelsgewölbe etwa kursierten ganz unterschiedliche Theorien. Albert entschied sich auch im Feld der Astronomie für die Beobachtung der Phänomene: „Im Jahre 1240 habe ich mit vielen anderen in Sachsen einen Kometen fast beim Nordpol gesehen ... Kometen können nicht Tod oder Krieg herbeiführen, sie sind weder Ursache, noch Wirkung, noch Zeichen."

1248 beendete Albert auf Wunsch des Ordens seine Tätigkeit in Paris. Im Jahr der Grundsteinlegung des Domes kehrte er nach Köln zurück, wo er ein allgemeines Studienprogramm etablierte, das vorbereitend wirkte für die wenig später gegründete Universität. Zudem übernahm er das Amt eines Schiedsmannes, um Streitigkeiten zwischen dem Erzbischof von Köln und den Bürgern der Stadt zu schlichten. 1254 wurde Albert zum Provinzialprior der Dominikaner gewählt. Dieses Amt hatte er bis 1257 inne. Er reiste zu Fuß durch die weitläufige Provinz Teutonia. Erst im Alter bestieg er einen Wagen, doch ohne jede Polsterung. Albert besuchte die Ordensniederlassungen in Antwerpen und Wien, Riga und Chur. Dominikaner verpflichten sich zu einem Leben in Armut, aber in vielen Klöstern ging es recht freizügig zu. Albert verhängte Strafen, auch gegen einen Prior, der zu Pferde unterwegs war.

Arm sein vor Gott war ein wichtiges Gebot. Als Provinzial seines Ordens schrieb er an seine Mitbrüder: „Damit nicht das

Laster des persönlichen Besitzes das heilige Gelübde unserer Armut besudele, ist es mein Wille, dass kein Bruder Geld oder andere Dinge verwalte, die nach seinem Gutdünken oder zu seinem oder eines anderen Vorteil verwandt werden, auch dann nicht, wenn sein Vorgesetzter weiß, wo dieses Geld und diese Dinge sich befinden und wie sie verwaltet werden." Mönche, die im Überfluss lebten, ließ er bei Wasser und Brot fasten. Albert vertrat die Auffassung, dass materieller Reichtum den Menschen vom Wesentlichen ablenke, dass er, statt Schätze im Himmel zu sammeln, sich an Nichtigkeiten und Gott aus dem Blick verliere: „Will man fragen nach den Geheimnissen Gottes, so frage man nach dem ärmsten Menschen, der auf Erden weilt und der mit Freuden arm ist aus Liebe zu Gott, der weiß mehr von Gottes Geheimnissen denn der weiseste Gelehrte auf Erden."

Papst Alexander IV. war von Alberts Entschlossenheit tief beeindruckt. 1260 wurde der Dominikanermönch, erfolglos widerstrebend, zum Bischof von Regensburg ernannt. Auch als Bischof führte Albert ein vorbildliches Leben entsprechend seiner Ordensregel. Er trug Flickschuhe, zusammengesetzt aus unterschiedlich farbigen Lederteilen. Die Regensburger nannten ihn „Meister Bundschuh". Seine Predigen fanden keinerlei Anklang, seiner Lebensweise begegneten Adlige und das einfache Volk mit Unverständnis. Albert litt an der Bürde seines Amtes und beendete schon ein Jahr nach der Weihe seinen Dienst als Bischof von Regensburg. Papst Urban IV., Alexanders Nachfolger, bestellte ihn zum Weihbischof in Köln, zu einem Auxiliarbischof, der nicht regieren musste, aber vielfältige Aufgaben eines hohen Kirchenmannes wahrzunehmen verpflichtet war. Albert wurde als Prediger für den Kreuzzug in Dienst genommen, weihte Kirchen und Altäre. Eine Zeitlang lebte er auch im Konvent der Dominikaner in Würzburg. Ob er am Konzil von Lyon im Jahr 1274 teilnahm, ist fraglich.

Noch im Alter wirkte Albert als Lehrer. Oft wurde er um Rat gefragt und neidvoll von seinen Kollegen beäugt, denn die Studenten verehrten ihn sehr. Man zitierte ihn, was sehr ungewöhnlich war, bereits zu Lebzeiten als respektierte Autorität. Ein Kollege bemerkte: „Er lebt noch und hat in seinem Leben ein Ansehen, wie niemals ein Mensch es in der Wissenschaft gehabt hat." Wertgeschätzt wurde Albert auch, weil er zugleich Theologe, Philosoph und Naturforscher war – und sich traute, deutlich zu analysieren und kritische Urteile zu fällen. Den Weg der Erkenntnis beschreibt Albert auf folgende Weise: „Alle unsere Erkenntnis setzt beim Sinnfälligen an. Beim Fortschreiten aber, wenn sie tiefer in den ganzen Umfang des Sinnfälligen eindringt, bleibt sie nicht bei dem unmittelbar gegebenen Phänomen stehen und gibt sich nicht damit zufrieden. Der Mensch fühlt sich zum Überstieg über das Sinnlich-Wahrnehmbare gedrängt, sobald er auf etwas stößt, das schwer fassbar und übersinnlich ist, wie die Erstursache, die reinen Geistwesen und schließlich die eigene Seele. Dann wird er sich bewusst, dass bei dem Befragen der Sinnesgegenstände sein Denken auf das Wesen der Einzeldinge stößt; und so gelangt er dahin, suchend nach der eigenen Seele zu fragen und damit ein werthaltiges Wissen von der Seele zu gewinnen." Alberts wissenschaftliches Interesse war so weit gespannt wie das des Aristoteles. Er betrachtete die vielfältigen Formen in Flora und Fauna. Und noch im Alter beobachtete der Dominikanermönch Tiere in freier Natur.

Auch für Albert ist Gott die „alles wirkende Ursache". Doch anders als seine Zeitgenossen, die eher auf die systematisch entfaltete „Theorie" der Theologie auch in der Naturwissenschaft vertrauten, vertrat Albert die Auffassung, dass empirische Studien, „Erfahrung aus wiederholter Beobachtung", unentbehrlich und die verlässlichste wie „beste Lehrmeisterin in der Naturkunde" sei. Theologie steht für ihn über theoretischen und praktischen Wissenschaften. Dass eine solche, möglicherweise profane Sichtweise auf die Natur, auf die Schöpfung dem Glauben zuwiderlaufen könnte, zog Albert nicht in Betracht. Was ist eigentlich Frömmigkeit? Alberts Antwort auf diese Frage lautet: „Einmal entspricht es der Frömmigkeit in der Verehrung Gottes, und dazu gehört alles, was den Dienst an ihm fördert. Das andere Frömmigkeitswahre aber ist das Ziel der Neigung, mit Verstand, Gefühl und Wesen mit demjenigen vereint zu werden, was als seligmachendes Endziel verehrt wird. Und so ist jene Wissenschaft im eigentlichen Sinne affektiv, d.h. Wissenschaft von einem Wahren, welches ungetrennt ist vom Sinngehalt des Guten; und deshalb vollendet sie sowohl den Verstand als auch das Gefühl. Ein solches Endziel indes ist im Bereich der geschaffenen Dinge nicht zu finden. Deswegen haben die Philosophen eine derartige Wissenschaft überhaupt nicht berücksichtigt. Sie teilten vielmehr folgendermaßen ein: Die eine Wissenschaft entspricht dem Wahren in den Dingen, die andere dem Guten in ihnen."

Theologie fasste Albert als reine Gotteslehre auf, als Verweis auf den Weg der Erlösung, auf welchem alle Menschen zum Schöpfer, zu Gott fänden. Dadurch können sie den Sinn ihres Daseins und das Ziel ihres Handelns erkennen. Die Lehre von Gott zielt auf die Gemeinschaft Gottes mit den Menschen, auf die Seligkeit derer, die noch in Sünde leben, aber nicht verloren sind. Die Theologie öffnet dem menschlichen Bemühen, mit Gott eins zu werden, Perspektiven. In diesem Streben besteht sodann eine Verbindung aus Verstand und Wille, die sich zum „affectus" fügen. So erweist sich die Theologie als die „scientia affectiva", die „affektive Wissenschaft", eine Wissenschaft, die sich nicht in theoretisches Können und praktische Fertigkeiten untergliedern lässt.

Gott danken, loben und verehren hieß für Albert auch forschen, die Geheimnisse der Schöpfung ergründen. In gleicher

Weise wie über die Natur dachte Albert auch über die Seele nach. Er schreibt hierzu: „Das Hauptwerk der Seele ist das Leben im Körper. Die Seele äußert sich verschieden nach ihrer vegetabilischen, sensiblen und intellektuellen Fähigkeit. Das Vegetabilische besteht im Erzeugen, Ernähren und Wachsen, zum Sensiblen gehört das Empfinden, Wachen, Schlaf sowie die Erinnerung, intellektuell ist die Erkenntnis." Woher kommt, so fragt Albert, die Kraft zur Bewegung? Die Seele ist für ihn eine Art wirkendes Prinzip, die Quelle, aus der alles Tätigsein folgt: „Seele ist unkörperliche Substanz und Prinzip der Bewegung. Ihre Kraft liegt schon im Keime. Sie ist etwas Wunderbares; aber das Wunderbarste an ihr ist, dass der Mensch durch sie sich selbst zu wissen verlangt." Solche Reflexionen führen Albert zu Überlegungen im Blick auf die von der Warte des christlichen Glaubens aus notwendige Unsterblichkeit der Seele. „Die Seele ist im Samen wie der Künstler im Kunstwerk. Die Seele stirbt nicht mit dem Körper und war nicht vor ihm. Am Tode nimmt sie nicht Anteil. Sie wird durch ihn nicht zerstört, sie erhält nach ihm ein edleres Sein."

Näher zu Gott zu gelangen, darum bemühte sich Albert – als Forscher, als Ordensmann, als Theologe und als Philosoph. Oft war er ins Gebet versunken. Für die Zeit der Andacht unterbrach er seine Studien. Albert bat um Führung und Erleuchtung seines Verstandes. Die Liebe, so glaubte Albert, führt zu Gott. Somit muss auch die Kraft des Geistes von dieser erfüllt sein. Nicht kalte Abstraktion, sondern lebendige Erfahrung macht bereit für Gott. Demütig verbrachte Albert seine Tage. Es war vielleicht gerade jene Aufrichtigkeit des Herzens, der Wunsch, nur ein einfacher Arbeiter im Weinberg, ein einfacher Gottesmann zu sein, die viele Menschen seiner Zeit tief beeindruckte, ungleich tiefer als die rege Forschungstätigkeit, die diesem Gelehrten so eigentümlich war. Albert bekannte: „O Herr, ich wollte, dass ich wäre ein Mensch nach Deinem allerliebsten Willen."

Im hohen Alter brach Albert zu einer letzten Reise auf. Er verließ Köln, um in Paris das Werk und die Ehre seines begabtesten Schülers Thomas von Aquin zu verteidigen, der längst verstorben war. Thomas war gelungen, wozu Albert angeregt hatte: die aristotelische Philosophie und den christlichen Glauben, dessen Wahrheit die menschliche Vernunft übersteigt, zu verbinden, und dabei die Aussagen des Glaubens mit der Vernunft zu begrenzen. 1277 verurteilte der Erzbischof von Paris 219 Thesen, die zum großen Teil der Philosophie des Thomas von Aquin entstammten. Dieser hatte, auch im Sinne Alberts, gelehrt: „Die Theologie bleibt zuchtvoll innerhalb der Grenzen des Glaubens und schwelgt nicht in Phantastereien." Albert versuchte zu verhindern, dass die machtvollen Kräfte des Konservativismus triumphieren, was zum Schaden der Wissenschaft und letztlich auch zum Schaden der Kirche gewesen wäre. Albert verteidigte die Lehre seines Schülers erfolgreich. Die Dominikaner bewahrten die thomistische Philosophie und Theologie. Nach Köln zurückgekehrt, ließen Alberts geistige und körperliche Kräfte spürbar nach. Als ihn der Kölner Bischof besuchen wollte, teilte der Sterbenskranke nur mit: „Albert ist nicht mehr hier." Am 15. November 1280 verstarb er. Alberts naturwissenschaftliche Forschungen wurden von den Dominikanern schon zu dessen Lebzeiten nicht verstanden. Er hatte das weite Feld der Wissenschaften der Enge einer strengen philosophischen oder theologischen Systematik vorgezogen. Der Philosophie wollte er neu Geltung verschaffen, Wissenschaften wie Astronomie, Physiologie, Mineralogie und Erdkunde, Zoologie und Botanik ohne Bindung an theologische Setzungen betreiben. Die Schüler nannten den von Philosophen, Theologen und seiner Kirche lange Zeit verkannten Albert „Doctor Universalis".

Philosophische und theologische Erkenntnis

Albert trennte die Zuständigkeitsbereiche von Theologie und Philosophie dort, wo es ihm nötig erschien. Nicht sachgerecht mutete es ihm an, wenn Theologen die empirische Forschung etwa im Bereich der Natur sträflich außer Acht ließen. Dass Philosophen wie Aristoteles irren konnten, bestritt niemand. Aber auch Theologen, selbst wenn sie in bester Absicht ihre Reflexionen betrieben, waren gegen Fehlschlüsse nicht gefeit. Albert hielt es für unangemessen, wenn begründete Kritik als unlauter oder gar gottlos angesehen wurde. Die Wahrheit der Evangelien reicht über „Denkgrundsätze" hinaus. Hier genügt „schlussfolgerndes Vorgehen aus den Gesetzen der Vernunft" nicht. Wer über Gott spricht, dem leuchtet zuvor ein „in sich klares göttliches Licht" auf: „Es ist eine Kraft, die das Gewissen erleuchtet und es zur freien Zustimmung hingeleitet. Deshalb teilt sich dieses Licht nur dem Forscher mit, der in frommer Haltung sich der Wahrheit Gottes zuwendet." Albert machte die Grenzen der Vernunfterkenntnis sichtbar, verwies jedoch mit Entschiedenheit auf den Wert des Selbststudiums und des Unterrichts in philosophischen Fragen und naturwissenschaftlichen Forschungen. Die Sphäre des Glaubens mag zwar über die menschliche Vernunft hinausreichen. Dies bedeutet aber nicht, dass der Mensch auf dieses besondere, ihm verliehene Vermögen der Erkenntnis verzichten oder dieses gar gering schätzen solle.

Die „geschenkte Teilhabe an der Lichtfülle" verortet Albert im Bereich des Glaubens, die induktive Schlussweise, die Berücksichtigung der durch die Sinne vermittelten Erfahrung, verleiht im Feld der Naturforschung die „größte Sicherheit" und steht „höher als Theorie ohne Beobachtung": „Erfahrung aus Beobachtung ist die beste Lehrmeisterin in der Naturkunde." Das aus letzthin beliebigen, wenn auch in frommer Gesinnung angenommenen Prämissen beherrschte schlussfolgendernde

Beweisverfahren unterstellt Gründe, die die Beobachtung nicht belegt. Im Fall der Naturforschung ist es somit geboten, den Methoden empirischer Forschung zu vertrauen. Somit erklärt Albert, dass es wichtig sei, Philosophie und Theologie in der Frage der Naturerklärung zu trennen: „In der Naturforschung haben wir nicht zu untersuchen, ob und wie der Schöpfer-Gott nach seinem vollkommen freien Willen durch unmittelbares Eingreifen sich seiner Geschöpfe bedient, um durch ein Wunder seine Allmacht kundzutun. Wir haben vielmehr einzig und allein zu erforschen, was im Bereich der Natur durch natureigene Kräfte auf natürliche Weise alles möglich ist."

Die Naturerkenntnis beginnt in der Sphäre der Erfahrung: „Alle unsere Erkenntnis setzt beim Sinnfälligen an. Beim Fortschreiten aber, wenn sie tiefer in den ganzen Umfang des Sinnfälligen eindringt, bleibt sie nicht bei dem unmittelbar gegebenen Phänomen stehen und gibt sich nicht damit zufrieden. Der Mensch fühlt sich zum Überstieg über das Sinnlich-Wahrnehmbare gedrängt, sobald er auf etwas stößt, das schwer fassbar und übersinnlich ist, wie die Erstursache, die reinen Geistwesen und schließlich die eigene Seele. Dann wird er sich bewusst, dass bei dem Befragen der Sinnesgegenstände sein Denken auf das Wesen der Einzeldinge stößt; und so gelangt er dahin, suchend nach der eigenen Seele zu fragen und damit ein werthaltiges Wissen von der Seele zu gewinnen."

Ein Beispiel, das sowohl die sorgfältige Beobachtung als auch das erzählerische Vermögen des Philosophen veranschaulicht, findet sich in Alberts empirischen Studien aus dem Bereich Zoologie: „In Deutschland ist das älteste Tier rot, im ersten Lebensjahr schwarz, in Polen es ist rot mit Übergang ins Graue … Diese Tiere haben, wie übrigens Arten der Mäusegattung, ein Paar untere Schneidezähne von beträchtlicher Länge; sie sind sehr wendig, bauen ihr Nest auf den Bäumen, haben einen buschigen langen Schwanz, schwingen sich von Baum zu Baum und bewegen dabei den Schwanz so, als wäre er ihr Steuer; in der Bewegung ziehen sie den Schwanz hinter sich her, beim Sitzen richten sie ihn über den Rücken auf. Bei der Futteraufnahme fassen sie, wie wiederum die übrigen Arten der Mäusegattung, die Nahrung mit den Vorderfüßen, als wären es Hände, und stecken sie ins Maul ..."

Naturforscher müssen sich nicht darum bemühen, tatsächliche oder vermeintliche Wunder zu prüfen. Flora und Fauna bieten hinreichend Gelegenheiten, die ausgiebig zur Forschung genutzt werden sollen. Es genügt, die vorhandenen Rätsel der Welt und ihre natürlichen Gesetzmäßigkeiten zu erkunden. Die Sinne können Täuschungen unterliegen. Im Bereich der empirischen Forschung erfordern Beobachtungen viel Zeit und kritische Prüfung. Den Phänomenen der Natur Aufmerksamkeit zu schenken, hält er für außerordentlich wichtig. Das Studium verlässlich arbeitender Forscher gehört dazu. Albert rät, die Schriften des Aristoteles zu lesen. In diesem Bereich ist es erlaubt, vielleicht sogar geboten, den Gehalt der Werke von Augustinus zu vernachlässigen. Die Hölle, das „Feuer vom Weltende", hält er für eine „Mutmaßung", nicht aber für „echtes Wissen": „Ich glaube, niemand weiß, wie das sein wird; das kann nur der wissen, der sieht, wenn es geschieht." Diese Kritik bezieht Albert freilich einzig auf den Bereich der Naturforschung und auf fragwürdige Prognosen über den Fortgang der Weltgeschichte, in Fragen der Religion und Moral bleibt Augustinus maßgeblich.

Die Theologie ist auf „höchste Wirklichkeiten" ausgerichtet. Albert bestimmt sie als größer, bedeutender und wertvoller als die übrigen Wissenschaften. Jedoch verfügen auch diese über Zuständigkeitsbereiche, die methodisch nicht von der Theologen zu erfassen sind. Die Wertschätzung, die der Theologie zukommt, liegt auch in der Zweckfreiheit begründet, über die sie als höchste Form der Wissenschaft verfügt. Die Theologie dient einzig Gott. Alle anderen Wissenschaften verfolgen partikuläre Ziele. Theologische Forschung orientiert sich am Absoluten. Albert schreibt: „Der Inhalt ihres Forschens ist etwas um seiner selbst willen Erstrebenswertes, an erster Stelle Gott selbst, nach dessen Kenntnis, die höchst beglückend ist, alle Menschen verlangen. Wissen um Göttliches und um die Welt des Göttlichen hat seinen Wert in sich, und darum ist die Theologie eine hervorragend freie Wissenschaft."

Die Erkenntnis Gottes bleibt problematisch. Nur unter einer „bestimmten Rücksicht" ist er erkennbar. Menschliches Wissen von Gott ist „unbestimmt": „Er erscheint uns ‚wie ein Meer', wie Johannes von Damaskus sagt, dessen Grenzen wir nicht kennen. Aber was er ist, sein Wesen – und gerade das gehört zu einer richtigen Erkenntnis – ist uns verborgen." Das Wissen genügt nicht, welches der Mensch redlich strebend sich zu erwerben vermag. Verstiegene Intellektualität charakterisiert Albert als Hochmut. Er würdigt den Glauben der einfachen Menschen, die in der Schlichtheit ihres Herzens Gott ergeben sind, während Gelehrte sich geistvoll über Fragen verbreiten, die niemand zu beantworten vermag. Viele Theologen haben vielleicht sogar vergessen, dass der erste Schritt auf dem Weg zur Wissenschaft in der Haltung des demütigen Beters besteht: „Wissen ist natürlich an sich ein Gut des Verstandes, aber durch die rechte Ordnung des gesamten Seelenlebens gehen wir auf Gott zu und erhalten anteilhaft Licht von seinem Licht. So wird unser Verstand angehoben und aufgeschlossen für Erkenntnisse, zu denen die Vernunft von sich aus keinen Zugang hat." Die Frömmigkeit des „alten Mütterleins" gilt es zu respektieren wie jeden Menschen, der „im Dienste Christi" lebt, mag er auch von „geschliffenen Reden" nichts begreifen, aber durch sein „Wort", seine Aufrichtigkeit und seine „Lebensführung" viel näher zu Gott gelangen als jene Gelehrten, „die sonst vom Gipfel ihrer Wissenschaft aus die Höhen des Himmels und die Tiefen der Abgründe durchforschen können".

Auf welche Weise vermag ein Mensch sich am besten Gott zu nähern? Albert empfiehlt, Kontemplation und Tätigkeit zu verbinden: „Das tätige Leben hat den Dienst am Nächsten für sich. Es bietet viele Gelegenheiten, Nutzen zu stiften und Not aller Art zu beheben. Bedenkt man die mannigfach zu leistende Hilfe, die Anregung zu tugendhaftem Handeln, den Unternehmungsmut, den kraftvollen Einsatz, das Heraushelfen aus einer Klemme und schließlich die vermehrte Danksagung vor Gott bei denen, die eine Hilfe erfahren haben: so steht das tätige Leben über dem beschaulichen. Deshalb fasst man das Verhältnis der beiden Lebensweisen in die Formel: sie stehen in einem Verhältnis dauernder gegenseitiger Ergänzung. Weder das beschauliche noch das tätige Leben stellt ein Ideal für alle dar. Je nach den Forderungen und Möglichkeiten der Stunde hat die eine oder die andere Form den Vorrang. So hat jeder Mensch auf beiden Wegen Gott zu suchen."

Thomas von Aquin

Sein ganzes Leben hindurch beschäftigte sich Thomas von Aquin mit der Frage nach Gott in allen Facetten und Schattierungen. Wissenschaftlich versuchte Thomas den Weg der Erkenntnis Gottes zu beschreiten, soweit dies mittels der menschlichen Vernunft möglich ist. In gleicher Weise kannte er die Grenzen des Denkens und war überzeugt, dass in Jesus Christus Gott selbst Mensch geworden war. Darum konnte Thomas, der so fasziniert war von den Schriften des Aristoteles, voller Überzeugung sagen: „Keiner von den vorchristlichen Philosophen konnte mit seiner ganzen Denkenergie soviel von Gott wissen, wie nach der Ankunft Christi ein einfältiges altes Weib durch den Glauben weiß."

Thomas stellte die lebensentscheidende Frage: Wer ist Gott für uns? Jedes Geschöpf strebt dem Schöpfer entgegen. Gelingt dies vermittels geordneten Denkens? „Näher zu Gott, als ihn die eigene Vernunft zu führen vermag, vermag der Mensch zu gelangen durch Liebe, indem er, selbst nicht wirkend, von Gott sozusagen gezogen wird." Die „Gottesliebe" tut dem Menschen gut, schenkt ihm Besinnung und Sammlung. Die Liebe zu sich selbst schadet, führt in die Zerstreuung, endet fern von Gott im Abgrund des bodenlosen Nichts, in der Seelenfinsternis der existenziellen Verzweiflung. Theologie war ihm Liebesdienst. Wer reinen Herzens ist, innerlich frei, wahrhaft fromm – mit Thomas' Worten empfänglich für und „ledig vor Gott" –, der wird glücklich leben können. Glaubend vertraut er darauf, dass „Gottes Absicht" niemals zunichte gemacht wird: „Wie ein Töpfergefäß, wäre es mit Sinn begabt, von dem Töpfer erhoffen könnte, es möge ihm eine gute Verfügung widerfahren, so auch muss der Mensch Hoffnung tragen zu Gott, dass er die rechte Lenkung erfahre von ihm ... Gott heiligt uns nicht ohne uns." Gott, den Unbegreiflichen und Unerforschlichen, ganz zu erkennen bleibt dem vernunftbegabten Wesen Menschen versagt, zu groß ist die Kluft zwischen Schöpfer und Geschöpf. Gleichwohl bestehen Gemeinsamkeiten: „Unter unseren Gefühlen ist keines, das im strengen Sinn auch in Gott wirklich sein könnte – ausgenommen die Freude und die Liebe." Aufrichtiges Christsein zeigt sich für Thomas von Aquin in tätiger Nächstenliebe: „Ein jeglicher Akt der Liebe verdient das ewige Leben." Die höchste Freude aber und die vollkommene Glückseligkeit kann die nach Gott strebende Seele nur erlangen, wenn es ihr vergönnt ist, Gott zu schauen.

Leben und Werk

Thomas' Leben ist schnell erzählt. Geboren wurde er im Jahr 1224 oder 1225 in Roccasetta bei Aquino, einer kleinen Stadt in Süditalien. Im Alter von 15 Jahren begann er in Neapel zu studieren. Petrus von Hiberna, der sich mit der aristotelischen Philosophie beschäftigte, unterrichtete ihn. Anzunehmen ist, dass Thomas in dieser Zeit sich erstmals mit den Werken antiker Denker vertraut machte. Der jüngste Sohn sollte gemäß dem Wunsch der Familie in den geistlichen Stand eintreten. Doch Thomas wollte nichts sein als ein einfacher Mönch, um Christus zu dienen und dessen Licht leuchten zu lassen, nicht das eigene. Um dem Evangelium entsprechend leben zu können, will sich Thomas dem Bettelorden der Dominikaner anschließen. Die Familie, weitläufig mit den Staufern verwandt, versucht ihn von seinem Entschluss abzubringen. Auch das Ansinnen, über persönliche Einflussnahme Erzbischof von Neapel zu werden, lehnt Thomas ab. Er wollte keine Macht in der Kirche ausüben, sondern eine neue philosophische Grundlage für die christliche Theologie suchen.

Das Studium setzte Thomas von Aquin 1245 fort. In Paris begegnete er Albert. Rasch erkannte der Professor die erstaunliche Begabung des jungen Mannes, der sich nicht für die Naturforschungen seines Lehrers, aber ganz und gar für Philosophie und Theologie interessierte. Thomas trat auf vielfältige Weise in Erscheinung. Wie wir schon wissen, war er sehr beleibt – an seinem Lesepult musste die Platte ausgeschnitten werden, damit er davor stehen konnte –, ausgesprochen geistvoll, verschwiegen und demütig. Die Kommilitonen spotteten über den untersetzten Dominikanermönch, verhöhnten ihn als „stummen Ochsen". Albert entgegnete den Studenten: „Ihr nennt ihn den stummen Ochsen; ich aber sage euch, das Brüllen dieses stummen Ochsen wird so laut werden, dass es die ganze Welt erfüllt." Im Jahr 1248 folgte Thomas seinem Lehrer Albert nach Köln. Kurze Zeit später erhielt er einen Ruf an die Universität von Paris und kehrte an seine alte Ausbildungsstätte zurück. Zweimal für jeweils drei Jahre lehrte Thomas in Paris. Er wirkte gern als Professor, und die Theologie schien ihm wichtiger zu sein als die

Seelsorge der einfachen Geistlichen vor Ort. Der Architekt, der den Plan anfertige, so sagte er, sei wichtiger als die Arbeiter, die ihn ausführten. Ein jeder müsse den ihm gemäßen Platz im Weinberg des Herrn einnehmen.

Als ein sonderbarer Eigenbrötler galt Thomas von Aquin, der dennoch gesellschaftlichen Verpflichtungen nachkam. König Ludwig der Heilige lud eine Festgesellschaft ein. Bekannt für seine Redseligkeit, gab der Herrscher über alles Mögliche Auskunft. Thomas aß und blieb stumm. Erst am Ende der Mahlzeit erhob er sich, trommelte mit geballten Fäusten auf den Tisch und rief aus: „Das wird ihn erledigen! So muss man gegen den Häretiker argumentieren!" Während die anderen gespeist und dem mitteilsamen König gelauscht hatten, war Thomas weiterhin am Sinnieren gewesen und hatte ein überzeugendes Argument gegen einen namenlosen Gegner und Feind der Kirche entdeckt. Der König, über die Maßen erstaunt, aber auch voller Bewunderung für die Geistesschärfe dieses Professors, wies einen Lakaien an, alles zu notieren, was Thomas ihm knapp diktieren sollte. Mit einem knappen Nicken bedankte sich der Gelehrte beim König.

Thomas konzentrierte sich ganz und gar auf sein Werk. Sein Tagesrhythmus war fest geordnet. Frühmorgens las er die Heilige Messe, wenig später wohnte er als stiller Beter einem weiteren Gottesdienst bei. Zwischen dem Unterrichten und dem Schreiben betete er. Auf diese Weise Gott nahe zu sein war ihm wichtiger als die so geschätzten Wissenschaften. Erst betend fand Thomas zu seinen Einsichten. Mehreren Schreibern diktierte er gleichzeitig. Er sprach nur das Nötigste und auch das eher ungern.

Philosophisch war er, dem Beispiel seines Lehrers Albert folgend, der Überzeugung, dass man der Vernunft vertrauen, aber auch ihre Begrenztheit anerkennen müsse. Der Geist des Menschen bietet hervorragende Möglichkeiten, ist indessen außerstande, das Wesen der Gegenstände und Lebensformen zu erfassen. Es ist ihm allein möglich, eine „adaequatio rei et intellectus ad rem“ zu betreiben, das heißt: eine „Angleichung der Sache und des Verstandes an die Sache“. Niemand könne, so Thomas, selbst das Wesen „einer einzigen Mücke“ zur Gänze denkend erfassen. Er folgt den von Albert gebahnten Wegen eines Einklangs zwischen Vernunft und Glauben. Diese nicht als sich ausschließende Gegensätze zu denken, hält er für eminent wichtig. Neben der Theologie besteht ein weiter Bereich der Erfahrung, in dem der Mensch mit anderen Methoden tragfähige und verlässliche Erkenntnisse, profanes Wissen, zu sammeln vermag. Die aristotelische Philosophie gilt es in die christliche Theologie zu integrieren.

Die Aufgabe, das antike Denken klug und sinnvoll zu nutzen, zugleich aber den christlichen Glauben beizubehalten, beides zu einer Einheit zu verbinden, fordert ihn zeitlebens. Resultate seines Bemühens sind die großen Werke „Summe der Theologie“ und „Summe gegen die Heiden“. Vernünftig zu handeln, vernünftig zu forschen und die Welt vernünftig zu gestalten, das gelingt mittels der Philosophie. Der Glaube, und mit ihm die Theologie, richtet sich auf das Übernatürliche aus, auf jenen Bereich also, der jenseits der Grenzen menschlicher Erkenntnis liegt. Die Geheimnisse der Dreieinigkeit und der Erbsünde vermag der Mensch nicht zu enträtseln, aber das Sein und die allgemeinen Bestimmungen Gottes können erkannt werden. Von Gott stammt die Vernunft, ebenso der Glaube. Wenn beide Vermögen auf Gott zurückgeführt werden können, kann keines von ihnen wirklich falsch sein. Man darf und soll diskutieren, auch über Glauben und Vernunft: „In der Hinnahme wie auch in der Ablehnung von Meinungen darf sich der Mensch nicht von Liebe oder Hass gegen denjenigen, der die Meinung vertritt, sondern vielmehr nur von der Gewissheit der Wahrheit leiten lassen.“ Thomas lehrt, dass all das, was in Gott gegründet ist, miteinander vereinbar sein muss. Ein Glaube, der wider die Vernunft ist, erweist sich als absurd. Die Vernunft, vom Höheren, also von der Wahrheit des Glaubens erleuchtet, lehrt allein, was auch dem Glauben entspricht. Vernünftig soll sich der Mensch in der Welt orientieren. Was ihn aber trägt, ist das Vertrauen auf Gott: Die Gnade hebt die Natur nicht auf, sondern vollendet sie."

Unausgesetzt mit philosophisch-theologischer Gedankenarbeit befasst, verstummte Thomas von Aquin am Ende seines Lebens, innerlich erschüttert von einem mystischen Erlebnis, das ihm bei der Feier der heiligen Messe am Nikolaustag 1273 zuteil wurde. Sein Schüler Reginald von Piperno fragte, warum er nicht zu forschen und zu schreiben fortfahre. Thomas, offenbar berührt, erwiderte: „Alles, was ich geschrieben habe, erscheint mir wie Spreu – verglichen mit dem, was ich geschaut habe und was mir offenbart worden ist." Auf dem Weg zum Konzil von Lyon starb Thomas von Aquin am 7. März 1274 in der Abtei Fossanuova im Alter von 49 Jahren. Auf dem Sterbebett soll er die Worte gesprochen haben: „Ich empfange dich, Lösegeld meiner Seele. Aus Liebe zu dir habe ich studiert, Nächte durchwacht und mich abgemüht, dich habe ich gepredigt und gelehrt. Nie habe ich etwas gegen dich gesagt. Ich verharre auch nicht hartnäckig auf meiner Ansicht, sondern wenn ich mich über dieses Sakrament je unrichtig geäußert haben sollte, unterstelle ich es dem Urteil der heiligen römischen Kirche, in deren Gehorsam ich jetzt aus dieser Welt scheide."

Studium und Methode

Die Folgerichtigkeit konziser Argumentationen und die Ausbildung der wissenschaftlichen Methode, der Scholastik, erreicht im Werk Thomas von Aquins ihren Höhepunkt. Gerade weil er weiß, dass die philosophische Untersuchung keinen Wert in sich selbst trägt, sondern einzig auf die „Wahrheit der Dinge“ ausgerichtet ist, vermag er einen eigenen Stil zu formen, der dem Philosophiestudium nicht nur unter theologischen Voraussetzungen ein einsichtiges Ziel setzt: „Das Studium der Philosophie hat nicht zum Zweck, zu wissen, was andere gedacht haben, sondern zu erkennen, wie die Wahrheit der Dinge sich verhält.“ Gleichwohl berücksichtigt Thomas die „Gewohnheit der Kirche“, respektiert und anerkennt die Tradition des Lehramtes und damit auch die päpstlichen Weisungen. Die Traktate anderer Philosophen werden aufmerksam betrachtet. Aristoteles beispielsweise erfährt deutlich weniger kritische Zurechtweisung als Averroes oder Avicebron. Sogar Ansichten des Augustinus, die Thomas oft mit großer innerer Zustimmung zitiert, werden gelegentlich milde korrigiert oder zumindest modifiziert, subtil, aber unmissverständlich für den kundigen Leser. Man kann, davon ist Thomas überzeugt, durchaus die Kirchenväter ehren, auch wenn man ihnen widerspricht.

Sein alleiniges Interesse gilt der Wahrheit. Dieser kann sich ein Student nur allmählich nähern. Thomas warnt vor einer Überforderung. Am Anfang des Studiums ist es unklug, sich sogleich mit Reflexionen zur Trinität zu befassen. Durch ein „Bächlein“ soll der Student zum Wissen vordringen, „vom Leichteren zum Schwierigeren“ sich begeben und nicht unverzüglich in das „Meer des Wissens“ eintauchen. Wer anderes wagt, wird untergehen. Thomas mahnt Schweigsamkeit an. Der kluge Student ist niemals ein Schwätzer, sondern ein gewissenhafter, im Gebet versunkener Mensch, der seine Zeit am liebsten in der engen Klosterzelle allein zubringt, umgeben von der Welt der Gedanken, die er nach und nach demütig erforscht. Die Kommilitonen, die Mitbrüder sollen liebenswürdig behandelt werden. Von zuviel Nähe rät er ab, ebenso von großer Vertrautheit mit anderen. Thomas unterscheidet deutlich zwischen dem Leben im Kloster und der Hingabe an die Wissenschaft in

Ehrfurcht vor Gott vom „Reden und Handeln der Weltleute“. Deutlich sagt er: „Fliehe alles Herumschweifen außerhalb des Klosters.“ Sich die Kirchenväter, die Heiligen und alle Christgläubigen, die ein beispielhaftes Leben führen, zum Vorbild zu nehmen, empfiehlt Thomas jedem Studenten.

Seine Anleitung zum Studium beschließt er mit folgenden Worten: „Gib dir Mühe, alles, was du liest und hörst, auch gründlich zu verstehen. Suche in allen Zweifeln dich zur Gewissheit durchzuringen. Sei bestrebt, so viel du kannst, in der Rüstkammer deines Geistes zu bergen. Was für dich zu hoch ist, danach trachte nicht. Wenn du diesen Fußspuren folgst, dann wirst du im Weinberg des Herrn der Heerscharen nützliche Blüten und Früchte hervorbringen, solange du das Leben hast. Wenn du dies alles befolgst, so wirst du das erreichen, wonach du dich sehnst.“ Damit ist die Grundhaltung, mit der sich jeder Student seiner geistigen Arbeit zuwenden soll, bezeichnet. Wer diese Unterweisungen beherzigt, wird sich nicht überfordern, sich aber mit der nötigen Strebsamkeit dem zuwenden, was zu ergründen er beabsichtigt, nicht um seiner selbst, sondern um der Sache willen.

Ausgehend von seinem eigenen Werdegang, skizziert hier Thomas eine Anleitung, welcher Weg auf beste Weise in die Wissenschaft führt. Der kommende Scholastiker begibt sich allmählich voran, immer auf der Suche nach Wahrheit, macht sich mit den Argumenten vertraut, die er entdecken kann, weist das Unzulängliche deutlich und nachvollziehbar zurück, ohne inneren Groll, nüchtern und zurückhaltend. In der schriftlichen Fixierung wird zunächst das wichtige Argument gebracht, ein anschauliches und naheliegendes Gegenargument aufgeführt. Im Hauptteil, dem „corpus articuli“, schreibt er, was der Sache nach zu antworten ist. Schließlich folgt eine detaillierte Zurückweisung der Argumente, die als nicht stichhaltig beurteilt werden. Thomas führt keinerlei Scheingefechte, er ist ausschließlich auf Sachprobleme konzentriert und verwendet den methodischen Zweifel. Wortreiche Ausschweifungen kommen nicht vor, ebensowenig pedantische Wortklaubereien. Er formuliert weder kompliziert noch dunkel. Thomas warnt vor dogmatischer Erstarrung und schreibt: „Man darf nichts behaupten, was dem Glauben, dem Dogma widerstrebt. Man darf aber auch nicht all das, was man für wahr und richtig hält, ohne weiteres als Glaubenswahrheit hinstellen, obwohl es kein Dogma ist. Denn die Wahrheit unseres Glaubens wird bei den Ungläubigen zum Gespött, wenn ein mit den nötigen wissenschaftlichen Kenntnissen nicht ausgestatter Katholik etwas für ein Dogma ausgibt, was in Wirklichkeit keines ist und gar im Lichte einer streng wissenschaftlichen Prüfung sich als ein Irrtum erweist."

Thomas verbindet empirische Verfahrensweisen mit spekulativer Metaphysik. Die durch die Erfahrung sichtbare und spürbare Wirklichkeit gilt es, forschend zu ergründen, zugleich aber auch die Idee zu retten. Anschaulichkeit ist ihm ausgesprochen wichtig. Eine Begrenzung auf das Wesentliche versucht er in all seinen Traktaten. Wenn diese Werke trotzdem mitunter etwas umfänglich geraten, so liegt dies allein an der zu behandelnden Stofffülle. Man könnte auch umgekehrt sagen, dass sich Thomas zwar ausgiebig, aber nicht ausschweifend mit den Problemen befasst, die auf dem Gebiet der Theologie und Philosophie wichtig sind. Er verzichtet, obgleich mit einer mystischen Sensibilität ausgestattet, auf eine Würdigung solcher Phänomene, die sich einer nüchternen Betrachtungsweise doch entziehen. Ihm ist auch bewusst, dass manche Autoren bewusst oder aufgrund mangelnder Begabung kompliziert formulieren und eher zur Verwirrung der Leserschaft als zur Aufklärung der Wissbegierigen beitragen. Seine eigene Art, Wissenschaft zu betreiben, skizziert Thomas auf folgende Weise: „Wir haben nämlich die Beobachtung gemacht, dass die Neulinge der Theologie durch die Schriften der verschiedenen Autoren in ihrem

Fortschritte sehr gehindert sind teils wegen der Häufung von unnützen Quästionen, Artikeln und Argumenten, teils auch, weil die dem Anfänger notwendigen Wissensinhalte nicht in streng methodischer Reihenfolge, sondern in der Anordnung, wie sie die Erklärung von Büchern oder die Gelegenheit von Disputationsübungen mit sich bringt, geboten wurden, teils endlich, weil die oftmalige Wiederholung der nämlichen Gegenstände Ekel und Verwirrung im Geiste der Hörer verursachte. Indem wir diese und ähnliche Mängel vermeiden wollen, werden wir im Vertrauen auf die Hilfe Gottes versuchen, den Inhalt der heiligen Wissenschaft so kurz und lichtvoll vorzuführen, wie der Gegenstand es gestattet."

So sorgfältig Thomas sich auch bemüht, sich auf die elementar wichtigen Fragestellungen zu konzentrieren, so sehr muss freilich zugestanden werden, dass bei aufmerksamer Lektüre die Breite des dargelegten Textes nicht in jedem Einzelfall der jeweils behandelten Problematik entspricht – und dass der Leser mitunter durchaus, zugespitzt formuliert, die Orientierung in den himmlischen Gefilden, deren Topographie eingehend geschildert wird, verliert. Die Systematik indessen, ihre innere Verbundenheit wie ihre übersichtliche Gliederung, vermag zu überzeugen und erscheint ebenso imposant wie durchsichtig.

Thomas schreibt als nüchterner Wissenschaftler. Sprachlicher Glanz ist ihm fremd, auf überflüssige Adjektive wird rigoros verzichtet. Er verwendet eine einfache, präzise Sprache. Die Klarheit seiner Lehre wurde von Zeitgenossen wie von späteren Kirchenmännern sehr gerühmt und scheint im Gegensatz zu stehen zu einer bilderreichen Sprache, die eher poetisch ergötzlich denn sachlich geboten ist. Wer Wissenschaft betreibt, soll sich einzig auf die Wahrheit des Gegenstandes ausrichten: „Bei Ergründung der Wahrheit wird jemand durch die anderen in doppelter Weise gefördert. Eine direkte Förderung erfahren wir von denen, welche die Wahrheit schon gefunden haben. Wenn jeder der früheren Denker etwas von der Wahrheit gefunden hat, dann sind diese Funde als Einheit und Ganzes zusammengefasst für den späteren Forscher und ein mächtiger Behelf zu einer umfassenden Wahrheitserkenntnis. Indirekt werden von den früheren die späteren Denker dadurch unterstützt, dass die Irrtümer der ersteren letzteren Gelegenheit geben, in ernster Denkarbeit die Wahrheit ans Licht zu stellen. Es ist deswegen, dass wir all denen, die uns im Erstreben des Wahrheitsgutes unterstützt haben, Dank sagen."

Hier verweist Thomas auf den Umgang mit den Quellen. Zugleich wird ersichtlich, dass der begründete Widerspruch auch etwa gegen Kirchenväter geboten ist, natürlich nur aus sachlichen Gründen, die gleichwohl als Autoritäten früherer Zeiten verehrt werden dürfen. Aber niemand wird ihrem Bemühen gerecht, wenn auch die erwiesenen Irrtümer dieser Denker noch für wahr genommen werden. Genauso dürfen und sollen alle Wissenschaftler, die sich nach Thomas um die sorgfältige Ergründung der Wahrheit bemühen, den berechtigten Einspruch gegen dessen Lehrmeinungen und Antworten erheben. Die menschliche Vernunft bewegt sich „vom Unvollkommenen zum Vollkommenen" hin. Sowohl in der theoretischen wie in der praktischen Philosophie, in gleicher Weise in den Wissenschaften bestehen Erkenntnisdefizite. Die Wissenschaft schreitet voran, auch in ihrer methodischen Ausprägung. Bei jeglichen wissenschaftlichen Untersuchungen empfiehlt sich das „Abhören der früheren Autoren". Die kritische Betrachtung etwa der Werke des Aristoteles ist geboten, welche er hier auch einfordert gegen die machtbewussten konservativen Theologen und gegen die augustinisch geprägten Franziskaner, die am liebsten die Lektüre der Schriften Aristoteles' verbieten würden. Thomas wirbt dafür, dass diese Reflexion nötig sei zur „Klärung" der Fragen, die sich ergäben, und zur „Lösung der Zweifel", die sich nicht einfach verbieten lassen. Er schreibt nahezu diplomatisch, aber doch gleichzeitig deutlich: „Wie bei Gericht kein Urteilsspruch gefällt werden kann, ohne dass die Gründe beider Parteien gehört sind, so wird auch derjenige, der mit Philosophie sich befasst, in der Bildung eines abschließenden wissenschaftlichen Urteils sich leichter tun, wenn er die Meinungen und Zweifel der verschiedenen Autoren kennt."

Petrus Calo, ein früher Biograph des Thomas von Aquin, erzählt: „Als Thomas das Lehramt übernommen hatte und mit Disputationen wie auch Vorlesungen begann, da strömte eine solche Menge von Scholaren in seine Schule, dass der Hörsaal kaum all diejenigen aufnehmen konnte, welche das Lehrwort eines so bedeutenden Magisters anzog und zum Wissensfortschritt anspornte. Unter dem Lichte seiner Lehre blühten so viele Magister sowohl aus dem Ordensstande wie auch aus dem Weltklerus. Grund hiervon war die zusammenfassende, klare und leicht verständliche Art seines Lehrvortrages." Die Anschaulichkeit seines Unterrichts wurde gerühmt, von den Gegnern gleichwohl gefürchtet. Als „Doctor Communis", als allgemeiner und allgemein anerkannter Lehrer, war er in Paris bekannt, von seinen Schülern verehrt und von mächtigen Gegnern angefeindet, die nach dem frühen Tod die Lehre des Thomismus unterbinden wollten. Sie scheiterten auch an der Unterstützung, die er durch seinen Fürsprecher und Förderer Albert erhalten sollte.

Menschliches Denken zwischen Subjektivität und Objektivität

Wahrheitserkenntnis ist möglich, die Objektivität der Wissenschaft für Thomas von Aquin vernünftigerweise unbestreitbar. Andernfalls bliebe das Feld dieser Erkundungen begrenzt auf Abbreviaturen und Spiegelungen des Subjekts, das nur einen

Verlust der Gegenstände feststellen könnte und in der bloßen Individualität, in einer dem Ich gewissen sensualistischen Zugangsweise, bloß Besonderheiten für wahr nähme, die es aus sich selbst heraus entwickelt. Thomas widerspricht jeglichen Versuchen einer subjektivistischen Deutung des Erkennens. Die Auffassung, dass der Intellekt nur seine „species intelligibilis", seine subjektiven Beweggründe und sozusagen sein Innenleben in der Außenwelt wiederentdeckt, wird zurückgewiesen. Erkenntnis wäre damit auf ein selbstbezügliches Spiel reduziert. Objekt und Inhalt der geistigen Erkenntnis ist nicht die subjektive Bestimmung des Intellekts. Eine jede Wissenschaft wäre demnach abseits der Wirklichkeit zu verorten, ohne Bezug auf die Gegenstände. Sie bliebe auf sich selbst beschränkt, auf die „subjektiven geistigen Erkenntnisformen".

Zugleich würde ein seit der antiken Sophistik bekanntes Moment wiederkehren. Wenn das Subjekt sich selbst als den einzigen Maßstab der Beurteilung von Wahrheit setzt, bleibt die Gültigkeit von Erkenntnis auf diese Sphäre beschränkt und auch entgegengesetzte Thesen könnten mit dem individuellen, wenngleich nicht verallgemeinerungsfähigen Anspruch auf Wahrheit verbunden sein. An einem einfachen Beispiel lässt sich dies erläutern. Ein Mönch, der in seiner Klosterzelle friert und sich an den eigenen diffizilen Reflexionen nicht erwärmen kann, erklärt: „Es ist kalt." Nehmen wir an, dass in der Nachbarzelle ein anderer Mönch, gleichfalls arbeitsam und emsig, vor lauter Eifer ins Schwitzen gerät, möglicherweise sogar mystische Eingebungen hat, auch über die Temperatur Auskunft gibt und daher sagt: „Es ist warm." Für sich genommen sind diese Betrachtungen gültig, und beide erheben einen Anspruch auf Wahrheit, doch bleiben sie auf die Sphäre des jeweiligen Subjekts beschränkt. Die objektiv messbare Temperatur beträgt, sagen wir, 18 Grad Celsius. Der eine empfindet dies als warm, der andere schon als kalt. Beide äußern nur ihr subjektives Empfinden, ihren Gefühlszustand, und dieser hat auf die tatsächliche Temperatur nicht den geringsten Einfluss.

Noch ein Beispiel: Wenn ein Papst gewählt wird, steigt aus dem Kanonenofenrohr der Sixtinischen Kapelle weißer Rauch auf. Haben sich die Kardinäle nicht auf einen Kandidaten einigen können, ist der Rauch schwarz. Nun besteht zwischen schwarz und weiß eine Grauzone. Das Publikum ist sich nicht einig: Ist der Rauch schwarz? Oder schon weiß? Ganz schnell kursieren verschiedene Theorien. Zwischen „Habemus papam!" und dem Achselzucken, welches sagt, die Wahl sei doch noch nicht erfolgt, bestehen, wie wir wissen, gravierende Unterschiede. Die einzelnen Beobachter versuchen nun genau zu erkennen, ob dieser Rauch weiß oder schwarz ist. Für den einen Gast auf dem Petersplatz scheint er schon weiß, für den anderen noch schwarz zu sein. „Der Rauch ist weiß!" ruft einer, und ein anderer sagt: „Nein, ich sehe es ganz deutlich, der Rauch ist schwarz." Schnell wird deutlich, dass nur subjektive Einschätzungen über die Farbe des Rauches bestehen – und diese Meinungsäußerungen nicht mehr als beliebige Ansichten sind, die auf subjektiven Wahrnehmungen und daraus sich ergebenden unzuverlässigen Urteilen beruhen.

Thomas von Aquin beschreibt diese Problematik der Erkenntnis auf folgende Weise: „Aus einer solch subjektivistischen Deutung des menschlichen geistigen Erkennens würde sich die Folgerung ergeben, dass alles, was erkannt wird, wahr ist und dass auch zwei einander widersprechende Behauptungen zugleich wahr sind. Wenn nämlich die Erkenntniskraft nur ihre eigene subjektive Bestimmtheit erkennt, dann urteilt sie auch nur über diese. Die subjektive Modifikation der Erkenntnispotenz ist einziger Maßstab und Inhalt des Urteils. Folglich wird jedes Urteil Anspruch auf Wahrheit erheben können." Die Folgerung wäre die Aufhebung oder Verwischung einer jeglichen Differenz zwischen Wahr und Falsch. Wissenschaftliche

Resultate wären gemäß einer solchen Theorie nur noch subjektive Betrachtungsweisen.

Thomas von Aquin behauptet den objektiven Wahrheitsbegriff. Es ist möglich, zwischen Wahr und Falsch zu unterscheiden und verlässliche Erkenntnisse über Gegenstände zu gewinnen. Der Philosoph schreibt, dass wir mit den „subjektiven Eindrücken" und den jeweiligen „Bestimmtheiten unseres Denkvermögens" über ein Instrument verfügen, welches uns dazu dient, zur „Erkenntnis der außer uns stehenden Wirklichkeit" zu gelangen. Über die „subjektive Form" des Denkbildes erreichen wir die „Erkenntnis der objektiven Realität" auf dem Weg der Reflexion. Die „Denkkraft" nimmt den Gegenstand in der Außenwelt wahr und bildet dazu ein „Denkbild", welches ein „ideales Abbild" dieses Objektes ist. Reflektierend versucht der Erkennende nun, das selbst erstellte Bild im Prozess wissenschaftlicher Ergründung dem Objekt anzugleichen. Nicht die Stimmigkeit im Denken allein, sondern der Bezug auf die Welt des Gegenständlichen ist gegeben. Die menschlichen Vermutungen und Vorstellungen über die Gegenstände, über Ursachen und ihre Wirkungen stellen mehr als letzthin beliebige subjektive Einschätzungen dar. Es besteht ein realer Bezug auf die Wirklichkeit – und denkend vermag der Mensch diese Wirklichkeit außer ihm zu erfassen, wenngleich Thomas sich der grundsätzlichen Differenz zwischen dem erkennenden Subjekt und dem Objekt bewusst ist: „Der Intellekt erfasst die Dinge nicht nach der Seinsweise, die sie an sich haben, sondern gemäß seiner eigenen Natur. Die materiellen Dinge, die in ihrem Sein tiefer stehen als der Intellekt, sind auf eine einfachere Weise in unserem Denken, als wie sie in sich selbst sind. Umgekehrt erkennt unser Intellekt die rein geistigen Substanzen, die über unserem Denken stehen, nicht nach der Art ihres einfachen Seins, sondern in der Weise, wie er die zusammengesetzten Dinge erfasst."

Die Wirklichkeit der Substanz

Die resonanzvolle Aneignung aristotelischer Philosophie zeigt sich an Thomas' Substanzbegriff. Wie können wir den Begriff „Substanz" auf beste Weise verstehen? Der lateinische Begriff „substantia" wird übersetzt mit „das Zugrundeliegende". Die Substanz bleibt gleich in der Flucht der Erscheinungen, in allen Veränderungen möglicher Bedingungen und Zustände – sie ist dauerhaft und unveränderlich. Für Aristoteles nimmt die Substanz den Rang der höchsten Kategorie des Seienden als solchem ein. Die Substanz kann in und durch sich selbst sein, das Akzidens hingegen kommt hinzu. Es kann dieser oder jener Substanz anhaften. Die Eigenständigkeit bleibt Kennzeichen der Substanz. Die hinzukommenden Bestimmungen, also die Akzidenzien, helfen jedoch bei der Beschreibung des jeweiligen Seienden. Dieses theoretische Begriffsgeflecht gilt es nun, durch ein anschauliches Beispiel zu erläutern.

Nehmen wir die Spezies Elefant. Wir können afrikanische und asiatische Elefanten unterscheiden, kennen als weitere Unterarten wiederum die Waldelefanten Zentralafrikas und die Rüsseltiere, die auf Borneo zu Hause sind. Doch ein Elefant ist zuerst immer ein Elefant. Um in Differenz zu anderen die Besonderheiten eines Elefanten festzustellen, lassen sich bestimmte äußerliche Merkmale kenntlich machen. Wir sehen als besondere Eigenheiten der afrikanischen Elefanten unter anderem die sehr großen Ohren und die Stoßzähne, die asiatische Elefantenkühe, wenn überhaupt, nur rudimentär besitzen und Elefantenbullen eher selten. Stellen wir uns nun eines dieser elefantösen Rüsseltiere vor. Unzweideutig gehört es aufgrund seiner imposanten Stoßzähne zu der Spezies afrikanischer Elefant. Wir stellen Besonderheiten fest. Dieser Elefant verfügt nur über einen Stoßzahn. An seiner Substanz, also am Elefantsein, ändert dies gar nichts. Der fehlende Stoßzahn wäre somit etwas Akzidenzielles. Auffällig wird dieser Elefant durch seinen Mangel. Über diese Besonderheit können wir ihn als Individuum beschreiben. Aber das Akzidens ist im Blick auf die Substanz, auf das Unveränderliche seiner Lebensform, nicht wichtig. Diese Substanz, so würde auch Thomas sagen, ist ein festes Prinzip – bei Tieren, und natürlich erst recht beim Menschen. Im Einzelwesen Mensch ist es die Substanz der Seele, die in uns besteht und das Zentrum unseres Daseins bildet.

Über den Unterschied von Substanz und Akzidens schreibt Thomas: „Substanz ist ein Ding, dessen Natur es gebührt, nicht in einem anderen zu sein; Akzidens ist ein Ding, dessen Natur es gebührt, in einem anderen zu sein." Die Substanz ist, wie bemerkt, selbstständig. Dies gilt in besonderer Weise für die höchste Substanz, also für Gott. Weiterhin differenziert werden die „substantia prima" und die „substantia secunda". Die „substantia prima", also die erste Substanz, ist ein individueller Träger akzidenzieller Bestimmungen, das tatsächliche Einzelwesen, die „substantia secunda" hingegen wird, als zweite Substanz, als das allgemeine Wesen der ersten Substanz verstanden; im Blick auf das vorgenannte Beispiel entspräche dies dem einzelnen Elefanten und seinem Elefantsein.

Das Sein der Substanzen bildet den Ruhepunkt inmitten der Bewegung, die in der Wirklichkeit besteht. Nicht also das Sichtbare und Erscheinungshafte hält Thomas von Aquin für das eigentliche Sein, sondern das „Zugrundeliegende", die Substanz der Gegenstände. Eine selbstständige Substanz nennt er Hypotase. Der Mensch ist eine Hypotase, so besehen aber Person, weil er mit Vernunft begabt ist. Die Person kennzeichnet eine besondere Selbstständigkeit, nämlich ein kraft der Vernunft entfaltetes Selbstbewusstsein und absichtsvolle, kritisch-reflektierte Entscheidungen, zu welchen die übrigen vernunftlosen Hypotasen außerstande sind. Somit schreibt Thomas über den Menschen als Person: „Wie es der Hypotase eigen ist, dass sie durch sich existiert, so kommt es ihr auch zu, selbstständig durch sich zu handeln. Es richtet sich ja das Tun nach dem Sein. Das Durch-sich-selbst-Handeln trifft aber in viel erhabenerer Weise bei einer Substanz mit vernünftiger Natur als bei vernunftlosen Hypotasen zu. Denn nur vernunftbegabte Substanzen haben eine Herrschaft über ihr Handeln, haben ihre Akte in der Gewalt. Es steht ihnen frei, zu handeln und nicht zu handeln. Die anderen Substanzen verhalten sich bei ihren Handlungen mehr passiv als aktiv. Aus diesen Erwägungen ist es angemessen, dass man die vernünftige Hypotase mit einem eigenen Namen, mit dem Namen Person, auszeichnet." Die Person ist mit Rechten ausgestattet und zugleich an Pflichten gebunden. Der Mensch soll moralisch handeln, weil dies seiner vernünftigen, von Gott kommenden Bestimmung entspricht, und in gleicher Weise vermag er der Gesetze und Gebote Gottes nicht nur gewahr zu werden, sondern sich handelnd, in freier Entscheidung, an diese zu binden.

Über Schönheit

Thomas von Aquin spricht von der Schönheit des Glaubens und zugleich von der – nicht auf Ästhetisches reduzierten – Schönheit der Vernunft. Alle Schönheit kommt von Gott. Der Schöpfer der Schönheit selbst ist die unendlich erhabene Schönheit: „Aus der göttlichen Schönheit leitet sich alle endliche Schönheit her, indem Gott Ursache der Vollkommenheit, des harmonischen Ebenmaßes und des Schönheitsglanzes des Universums und in den Einzeldingen ist." Die menschliche Seele erstrahlt auf ganz eigene Weise in der geistigen Schönheit, wenn die „ganze Lebensführung" auf beste Weise proportioniert und geordnet ist entsprechend der „geistigen Klarheit der Vernunft". Schönheit zeigt sich in einer inneren Harmonie, einem wohlgefügten

Zusammenstimmen der geistigen Vermögen. Die übernatürliche Schönheit erfährt der Mensch durch die göttliche Gnade, die ihm gegenwärtig ist: „Jedwedes Ding wird schön genannt, insofern es eine Klarheit in der Gattung an sich hat, sei es eine geistige, sei es eine körperliche, und sofern es ein harmonisches Ebenmaß besitzt."

Der schönste Mensch ist für ihn Christus. Thomas verweist auf die Proportionalität des Körpers, auf seine Größe und Ausstrahlung, natürlich auf die Gesinnung, was charakteristisch für jeden Menschen ist. Niemals allein an äußerlichen Merkmalen lässt sich diese Schönheit festmachen. Sie leuchtet aus dem Inneren hervor. Nur wer von Gott erfüllt ist, kann wirklich schön sein. Er spricht einige Male von der „göttlichen Gnade", die die Seele „verschönt wie das Licht", und unter Bezugnahme auf Christus schreibt er: „Christus besaß jene körperliche Schönheit im höchsten Grade, die seinem Antlitz etwas Majestätisches und Anmutiges zugleich verlieh, es leuchtete etwas Göttliches in seinem Angesicht, das alle mit Ehrfurcht erfüllte."

Nur der fromme, tüchtige und enthaltsame Mensch kann wahrhaft schön sein. Thomas schreibt demgemäß: „Die Schönheit besteht in einer gewissen Klarheit und im gehörigen harmonischen Ebenmaß. Beides findet sich wurzelhaft in der Vernunft; denn dieser eignet sowohl das aufhellende Licht wie auch die Fähigkeit, die entsprechende Proportion und harmonische Ordnung in den Dingen herbeizuführen. Deshalb findet sich im beschaulichen Leben, das in einer Betätigung der Vernunft besteht, wesenhaft Schönheit. In den sittlichen Tugenden aber besteht die Schönheit nur durch Teilhabe, insofern sie an der Ordnung der Vernunft Anteil haben. Am meisten kommt diese Schönheit der Tugend der Mäßigung zu, welche die das Licht der Vernunft am meisten trübenden Begierden zurückdrängt … Deshalb macht auch die Tugend der Keuschheit den Menschen am meisten für das beschauliche Leben geeignet, da die geschlechtliche Lust den menschlichen Geist am stärksten zum Sinnlichen herabdrückt."

Geistige Schönheit zeigt sich auch in der Suche nach Erkenntnis, in der wissenschaftlichen Tätigkeit. Auf die höchste Schönheit freilich richtet sich dieses Bemühen aus, mit der Vernunft und mit dem Glauben möchte der Mensch zu Gott gelangen. Dies aber ist keine ästhetische Betrachtung, kein Geschmacksurteil, sondern ein mühevoller Prozess. Wie gelangt nun der Mensch zu der übernatürlichen Schönheit, die eines ist mit der Wahrheit und dem Guten, mit der glaubenslosen Vernunft, dem vernunftwidrigen Glauben – oder mit Vernunft und Glaube zugleich?

Vernunft und Glaube

Gott erkennen zu wollen, ist das vornehmste und höchste Bestreben des Menschen. Inwieweit vermag ihm solches zu gelingen? Bleibt er nicht gebunden an die begrenzten Erkenntnismöglichkeiten und die Welt des Gegenständlichen? Gott ist in jedem Seienden gegenwärtig, „tief und intim", und darum ist es wichtig, die Welt und die Wirklichkeit jedes Seienden zu achten und zu erforschen. Doch wo die menschliche Vernunft nicht hinreicht, beginnt der Bereich des Glaubens.

Solche Wahrheiten, wozu etwa die Trinität, das Dasein Gottes oder auch bestimmte Dogmen der Kirche gehören, sind für Thomas einzig von Gott offenbart worden. Der Mensch weiß sie nicht mit seinem Geist zu fassen. Dies erschließt sich nur dem gläubigen Christen. Unser Streben nach Wissen hebt mit der Erfahrung an. Gott kann nicht erkannt werden. Was wir in der Welt sehen und erleben, verweist auf ihren Schöpfer. Thomas sagt, dass wir die Spuren Gottes entdecken können, nicht aber ihn in seiner Wirklichkeit sinnenfällig uns bewusst zu machen wissen. Weiterhin unterscheidet er die Erkenntnisvermögen von Mensch und Engel. Engel sind gleichsam mit einem höheren Geist und einer tieferen Einsicht begabt. Aber auch sie vermögen nicht, Gott zu begreifen. Um dies zu verdeutlichen, bedient sich Thomas eines Vergleichs. Niemals könne ein einfacher Landmann die Denkwege eines Philosophen ergründen und nachvollziehen. Sein Verständnis ist zu begrenzt. Ebenso bleibt der Mensch, hier also der Bauer wie der Philosoph, gebunden an seine Einsichtsfähigkeit. Ihm ist es unmöglich, die Sphäre des Natürlichen zu übersteigen und Gott zu erkennen. Wir sehen die Begrenztheit menschlicher Erkenntnis bereits auf dem Gebiet der Erfahrung. Wie also sollte der Mensch das Übernatürliche zu fassen vermögen? Unser Denkvermögen verhält sich, wie auch Aristoteles gesagt hat, zum ersten Seienden wie das Auge eines Nachtvogels zum Licht der Sonne. Mit der Vernunft können wir nicht zu Gott gelangen. Sie hilft uns zwar, sein Wirken, seine Spuren in der Welt zu entschlüsseln. Doch ohne vom Glauben erleuchtet zu sein, bleibt die Vernunft hilflos und der Mensch im Irrtum befangen.

Thomas schreibt: „Gott wird durch Schweigen geehrt – nicht weil wir von ihm nichts zu sagen oder zu erkennen vermöchten, sondern weil wir wissen, dass wir unvermögend sind, ihn zu begreifen." Ein Widerspruch zwischen der Wahrheit, welche dem Glauben gewiss ist, die zu beweisen er sich aber außerstande weiß, und der Wahrheit, die mit der Vernunft erschlossen werden kann, besteht nicht. Die Vernunft kann den Glauben nicht widerlegen, und die Wahrheit des Glaubens kann nicht widervernünftig sein. Für Thomas liegt diese Wahrheit jenseits dessen, was die menschliche Vernunft zu begreifen vermag. Entscheidend ist der göttliche Ursprung des Erkenntnisvermögens. Die Vernunft ist gottgegeben. Ein Glaube, der wider alle Vernunft sich behaupten würde, wäre problematisch. Glaube und Vernunft gehören zusammen, fallen aber nicht in eins. Die Vernunft kann die Weite des Glaubens nicht erfassen, der Glaube indessen auch nicht die Vernunft einschränken. Allein die vom Glauben erleuchtete Vernunft kennt ihre Grenzen und weiß sich an diese gebunden. Im Bereich des Denkens und der sichtbaren Welt sammelt der Mensch kraft seiner Vernunft Wissen und gelangt zu Erkenntnissen. Was ihm auf diese Weise an Wahrheit bewusst wird, kann dem Glauben nicht widerstreiten. Es sind zwei Formen von Wahrheit, aber nicht Wahrheit und Lüge. Nur die Unwahrheit, das Falsche, ist dem Wahren entgegengesetzt.

Gott wird von Thomas als der Ursprung aller Wahrheit begriffen, also jener, die wir denkend erschließen, und jener, die dem gläubigen Menschen von Gott oder in der Tradition der Kirche geoffenbart wird, die wiederum, nach Thomas' Überzeugung, von Gott eingesetzt und geleitet wird – und die Wahrheiten als Dogmen durch die Zeit trägt. Sich in Fragen der Erkenntnis wider die Vernunft zu stellen und absurderweise vielleicht eine vermeintlich höhere Logik zu bemühen, also Modelle zur Welterklärung theologisch zu verbrämen, weist Thomas zurück. Vernunft und Glaube harmonieren miteinander, doch soll die Differenz ihrer Zuständigkeitsbereiche beachtet werden. Nichts, was geoffenbart wurde, dessen ist sich Thomas gewiss, kann menschlicher Vernunft widerstreiten. Wer an spätere Dogmen denkt, etwa an die „unbefleckte Empfängnis" Mariens, mag hieran zweifeln – aus der Sicht des Philosophen wäre dies indessen wohl nur ungemäß und ein Mangel an Glauben. Jeder Mensch, der Glaubenssätzen der Kirche widerspricht, trägt Züge eines Sophisten. Er problematisiert, aber nicht in redlicher Gesinnung.

Der lateinische Averroismus, in Paris zur Zeit von Thomas außerordentlich beliebt, vertrat die These der doppelten Wahrheit. Was philosophisch zutreffend ist, mag im Blick auf den Glauben falsch sein, und was der Glaube als wahr setzt, kann philosophisch widerlegt werden. Die Trennung von Glaube und

Vernunft hält er, auch aus logischen Gründen, für verfehlt und für falsch. Wenn Offenbarung und Denkvermögen von Gott stammen, warum sollten sich Glaube und Vernunft ausschließen oder gar einander widerstreiten? Thomas verweist auf die Trennung der Gebiete, auf den Bereich des weltlichen Wissens, mit welchem die Philosophie sich beschäftigt, und auf die Sphäre der übernatürlichen Wahrheit, die sich nur glaubend erschließen lässt. Ihm ist nicht an einer oberflächlichen Harmonie gelegen, er möchte der Philosophie einen eigenen, ihr gemäßen Zuständigkeitsbereich zuerkennen, in dem sie mit methodischer Strenge und wissenschaftlicher Gründlichkeit die ihr einsichtige Wahrheit zu erkunden vermag. Ein adäquates Verständnis von Philosophie und Theologie erscheint ihm möglich und auch geboten.

Thomas von Aquin sieht in dieser Harmonie eine erforderliche Konklusion, weil der vernünftig denkende Mensch seine Grenzen kennt und spürt – und weiß, dass er mit den natürlichen Erkenntnisvermögen die übernatürliche Wahrheit nicht enträtseln kann. Nur die Spuren Gottes kann der Mensch in der Welt erkennen, schemen- und umrisshaft zeigt sich ihm der Schöpfer. Im Glauben erschließt sich eine größere und tiefere Einsicht, doch erst nach dem Tod, im Jenseits, wird der Mensch, geborgen in Gottes großer Weite, diese Erkenntnis, nach der er so sehr strebt, erlangen. Für diese Welt gilt: „Das höchste Wissen von Gott, das wir in diesem Leben erlangen können, besteht darin, zu wissen, dass er über allem ist, was wir von ihm denken.“ Begründete Kritik an der Wahrheit ist somit in gleicher Weise ausgeschlossen. Die Vernunft dient aber nicht der Bekehrung der Ungläubigen, doch mittels der philosophischen Argumentation lässt sich die Nichtigkeit der vermeintlichen Gründe der Glaubensgegner zeigen.

Thomas schreibt: „Ich mache dich vor allem darauf aufmerksam, dass du bei Disputationen mit Ungläubigen nicht versuchst, die Glaubenswahrheit mit zwingenden Vernunftgründen zu beweisen. Diese kann aber auch, weil wahr und deshalb nicht widervernünftig, in keiner Weise durch zwingende Vernunftgründe umgestoßen werden. Das Mühen des christlichen Apologeten kann nicht dahin gehen, die Glaubenswahrheit philosophisch zu erweisen, es muss vielmehr dahin zielen, durch Entkräftung der gegnerischen Einwände darzutun, dass der katholische Glaube nicht falsch ist."

Bonaventura

„Wo ist deine Bibliothek?", fragte Thomas von Aquin den gelehrten Franziskanermönch Giovanni di Fidanza, genannt „Bonaventura". Dieser zog einen Store beiseite. Thomas staunte, denn statt einer reichhaltig bestückten Büchersammlung erblickte er hinter dem Vorhang den gekreuzigten Herrn, und verstand: Wahre Führung schenkt allein Christus.

Bonaventura wurde etwa 1220 in Bagnoreggio bei Viterbo als Sohn eines Arztes geboren. Seinen Namen erhielt er eigentlich nach einer Begegnung mit dem sterbenskranken Franz von Assisi. „O buona ventura!", das bedeutet: „O gute Fügung!", soll der Ordensgründer ausgerufen haben, als er den kleinen Giovanni sah. Die Mutter hatte ihn nämlich schon als Säugling zu Franz gebracht, damit dieser den schwerkranken Sprössling segnete. Den gesundeten Giovanni führte sie erneut zu ihm, und Franz dankte für die wunderbare Fügung seiner Heilung.

Wie Thomas, der auch als „Doctor Angelicus" gerühmt wurde, bemühte sich Bonaventura, der als „Doctor Seraphicus", als engelgleicher Lehrer verehrt wurde, auf seine Weise, die aristotelische Philosophie für die Theologie fruchtbar zu machen. An der Pariser Universität studierte Bonaventura von 1236 bis 1242. Dem Franziskanerorden trat er 1243 bei. Von 1253 an lehrte er, zur gleichen Zeit wie Thomas von Aquin, Philosophie. Er verfasste während dieser Zeit eine Schrift über den „Sentenzenkommentar" des Petrus Lombardus und bemühte sich wie Thomas um die Rezeption aristotelischen Gedankengutes. Indessen war er schon damals stärker als dieser von der platonisch-augustinischen Spiritualität geprägt und wehrte sich gegen eine zunehmende Rationalisierung des Glaubens. 1256 promovierte Bonaventura in Philosophie und Theologie, ein Jahr später wurde er zum Ordensgeneral der Franziskanergemeinschaft gewählt. Er stellte seine Lehrtätigkeit ein. Zum Universitätsprofessor fühlte sich Bonaventura nicht berufen. Seinem Selbstverständnis und seiner spirituellen Prägung entsprechend verstand er sich vor allem als geistlicher Begleiter; trotz aller Sympathie für die Wissenschaft sah er sich, anders als Thomas von Aquin, eher als ein Seelsorger.

Die Franziskaner waren in dieser Zeit uneins, wie streng das Gelübde der Armut befolgt werden müsse. Bonaventura verfügte über diplomatische Qualitäten und vermochte die Streitigkeiten beizulegen. Er galt fortan als „zweiter Stifter des Franziskanerordens". 1263 verfasste er eine biografische Schrift über Franz von Assisi und begann, dessen Lehre den Ordensbrüdern aufs Neue zu predigen.

Bonaventura forderte die absolute Autorität der Heiligen Schrift – „ein Garten, in dem wir Nahrung finden" – und warnte zunehmend vor der Verfälschung des Evangeliums, vor einer philosophischen Verwässerung des Glaubens: „Man solll also nicht so viel Wasser der Philosophie in den Wein der Heiligen Schrift mischen, so dass aus Wein Wasser würde. Das wäre das schlechteste Wunder. Und wir lesen doch, dass Christus aus Wasser Wein machte, nicht umgekehrt." Hochmütiges Wissen zerstreut statt zu erlösen, es fesselt und verwirrt die Seele des Suchenden. Darum riet Bonaventura vom Studium der Metaphysik des Aristoteles ab, so sehr er auch dessen ethische Schriften wertschätzte. Nicht der Glaube soll Vernunft annehmen, sondern die Vernunft vom christlichen Glauben erleuchtet, das „lumen naturale“ vom „lumen Christi“ geführt werden. Trotz seiner Kritik an der Philosophie integrierte Bonaventura Elemente der aristotelischen Werke. Auch er sprach von Stoff und Form, Bewegungs- und Zielursache. Aber er versuchte eher, den Einfluss philosophischen Denkens zurückzudrängen und die Lehre des Augustinus zu behaupten.

Bonaventura hielt die verstärkte Rezeption aristotelischer Philosophie auch für eine gefährliche Modeerscheinung. Die drohende Übermacht des Verstandesdenkens versuchte er zurückzuweisen. Er vertrat somit in zunehmendem Maße eine Gegenposition zu seinem Freund Thomas von Aquin und dessen Lehrer Albert. Zwischen der Offenbarung und der Vernunft sah er eine unüberbrückbare Kluft. Wer philosophiert, mag auf den Schwingen der Vernunft die Welt erkennen, aber die göttliche Wahrheit, das erlösende Wort wird er doch verfehlen.

Ein Problem sah er darin, dass die Philosophen begreifen könnten, wie aus dem göttlichen Einen das Viele entstünde, nämlich durch die Erstbegründung durch den „Logos“: „Der Schlüssel der Theorie liegt also in einer dreifachen Erkenntnis, nämlich in der Erkenntnis des ungeschaffenen Wortes, durch das alles hervorgebracht wird, in der Erkenntnis des fleischgewordenen Wortes, durch das alles wiederhergestellt wird, und in der Erkenntnis des eingehauchten Wortes, durch das alles offenbart wird. Denn wenn jemand nicht zu sehen vermag, wie die Dinge aus ihrem Ursprung hervorgehen, wie sie zu ihrem Ziel zurückgeführt werden und wie Gott in ihnen aufleuchtet, kann er keine Einsicht haben … Der Zugang dazu liegt in der Erkenntnis des ungeschaffenen Wortes. Sie ist die Wurzel der Einsicht in alles. Wer deshalb diesen Zugang nicht hat, kann nicht eintreten. Die Philosophen aber halten das, was im höchsten Maße wahr ist, für unmöglich, weil ihnen der Zugang verschlossen ist." Der Glaube weist über die Vernunft hinaus, erst dieser erweist sich als tragfähig.

Sicherlich hätte auch Thomas den Vorrang des Glaubens nie bestritten. Bonaventura jedoch verschärfte die Gegensätze zwischen Glaube und Vernunft erneut und plädierte energisch für den Primat des Glaubens. Wer der Vernunft vertraut, der ist eigentlich blind, denn er bleibt an ein Verständnis von Wahrheit gebunden, das nichts von der Wahrheit des „fleischgewordenen Wortes" weiß. Maßgeblich für ihn war die franziskanische Spiritualität. Er suchte nach der „wahren" Metaphysik, die Einheit und Vielheit im „Logos" des Christus verband.

Bonaventura kritisierte die logischen Übungen der Scholastiker und behauptete, diese hätten die Menschen um den Verstand gebracht: „Der Verstand ist ausschweifend geworden. Ausschweifend geworden ist auch die Metaphysik. Denn einige behaupteten eine ewige Welt, weil bei einer ewigen Ursache auch die Wirkung ewig sei. Und diese haben schlecht über die erste Ursache gedacht. Ähnlich die Mathematiker: Zuerst erkannten sie die Zahlen, und später gingen sie dazu über, Gestirneinwirkungen und die Geheimnisse der Willensentscheidungen zu erforschen. Die Naturforscher wussten etwas über Körper und Mineralien. Dann sagten sie sich: ‚Die Technik ahmt die Natur nach', und wir kennen die Geheimnisse der Natur, also werden wir euch Gold und Silber machen. So haben auch die Grammatiker mit Gedichten und Geschichten die ganze Welt beherrscht, bis die Heiligen gegen sie aufstanden. So haben auch die Logiker mit ihren Scheinbeweisen und ihren falschen Thesen die Welt verrückt gemacht. Entsprechend freuten die Rhetoren sich so sehr an der äußeren Form der Rede, dass sie sagten, das Reich Gottes bestehe in nichts anderem. Dennoch ist die Rhetorik jetzt verschwunden. Die Ethik wurde nicht so verdorben, weil sie nicht bei reiner Theorie stehen bleibt. Aber die Rechtswissenschaft wird stark korrumpiert aus Profitgier, und die Prozesse, die durch das Recht beendet werden sollten, werden jetzt durch Verschleppung und juristische Spitzfindigkeiten endlos, wo es doch die Aufgabe des Rechts ist, die Prozesse abzukürzen."

Gewiss war die auf Aristoteles gestützte Würdigung der Erfahrung wichtig. Naiv ist, wer glaubt, auf dem Weg der Erkenntnis und Beurteilung der Phänomene dieser Welt ohne diese auszukommen. Aber für nicht minder falsch hielt es Bonaventura, wenn die empirischen Einsichten allein als maßgeblich beurteilt würden. Die Erkenntnis muss die erfahrene Wirklichkeit berücksichtigen, doch die Prinzipien der Erkenntnis lassen sich wiederum nicht aus sich selbst herleiten. Bonaventura verweist auf menschliche Dispositionen, also auf angeborene Prinzipien, auf ein natürliches Urteilsvermögen, kraft dessen wir mit den Sinnen die Wirklichkeit betrachten, erfahren und deuten. Doch dieses Vermögen selbst wird nicht entwickelt, es ist bereits vor aller Erfahrung gegeben. Diese Grundprinzipien stammen von Gott. Bonaventura sieht diesen als den Schöpfer der Prinzipien, der Gesetzmäßigkeiten in der Natur, aber auch als Urheber jener Regeln, mittels derer wir die uns umgebende Wirklichkeit mit dem Vermögen unserer Seele erkennen. Die Wissenschaft erweist sich nur dann als sinnvoll, wenn sie auf Gott ausgerichtet ist. Die bloße Ansammlung von Erkenntnissen ist nichtig, eine gehaltlose, ausschweifende Wissbegierde. Dies zeigt auch deutlich die Grenzen der Philosophie, die sich ausschließlich auf die sinnlich wahrnehmbare Welt bezieht. Anders als Thomas von Aquin besteht bei Bonaventura die unverzichtbare Forderung nach einer Erleuchtung der Vernunft durch den Glauben, die beständige Ausrichtung auf die unbedingte Wahrheit Gottes, auch bei empirischen Erkundungen.

Woran es der Philosophie mangelt, verdeutlicht Bonaventura sehr anschaulich: Diese weiß nichts von der Vergebung der Sünden durch Gott. Aus sich selbst heraus vermag der sündige Mensch, der zwar nach Wahrheit strebt, aber doch unfähig bleibt, sie aus eigener Kraft zu erkennen, nichts von Gott zu wissen. Er lebt in einem Zustand der Gottvergessenheit. Der Weg zu Gott wird ihm allein durch den gekreuzigten und auferstandenen Christus gebahnt, nicht durch philosophische Erkenntnisse: „Wer also lernen will, der suche das Wissen an der Quelle, in der Heiligen Schrift, denn bei den Philosophen gibt es kein Heilswissen zur Sündenvergebung, auch nicht in den Summen der Universitätslehrer, weil diese sich auf die Kirchenväter stützten, die Kirchenväter aber auf die Heilige Schrift. Deswegen sagt Augustinus, dass er genau so irren könne wie andere. Nur dort ist uneingeschränkter Glaube am Platz, wo keine Täuschung sein kann."

Die mystische Spiritualität kennzeichnet die Schriften Bonaventuras, insbesondere die 1259 verfasste „Reise des Geistes zu Gott". Die menschliche Seele wird „von himmlischen Erwägungen" in eine beseligende Unruhe versetzt, durch Askese und wahre Demut soll sie sich den schmeichlerischen Verlockungen des Daseins entziehen. Tückisch wirken mächtig sich dünkende Zuflüsterer, die ein nur scheinbar gottgefälliges Leben für ausreichend halten. Gott aber sieht nicht auf die Geltung vor den Augen der Welt, „nicht misst er nach dem Adel des Geschlechtes, nicht nach der Länge der Zeit, nicht nach der großen Zahl der Werke, sondern nach der höheren Glut und der größeren Liebe des andächtigen Gemütes", das vom tiefen Verlangen nach Christus erfüllt ist: „Wann werden wir dich sehen, wann dich finden, wann vor deinem Angesicht erscheinen? Überdruss ist, ohne dich sich zu freuen, Seligkeit, mit dir sich zu freuen, wie mit dir zu weinen. Alles, was dir entgegen, ist uns zur Last; was dir wohlgefällt, unsere unauslöschliche Sehnsucht." Der Beter beschreitet im Wissen um seine Unwürdigkeit aufrichtigen Herzens den „Weg der Liebe", erfüllt vom Vertrauen auf das rettende Erbarmen Gottes, das der demütig glaubenden Seele ewiges Heil schenkt.

Im Jahr 1273 wurde Bonaventura zum Kardinal erhoben. Die Gesandten des Papstes trafen ihn, so die Legende, im Kloster Mugello nahe Florenz. Er spülte Geschirr im Garten und bat die Legaten, den Kardinalshut an einem Baum aufzuhängen, bis er seine Arbeit beendet habe. Mit großer Verwunderung entsprach die päpstliche Delegation der Aufforderung des Ordensmannes.

Noch eine große Aufgabe wartete auf ihn. Die Trennung der Kirchen von Rom und Konstantinopel machte vielen Geistlichen große Sorge. Bonaventura bereitete das Konzil von Lyon mit vor. Ob die christlichen Kirchen je wieder zur dauerhaften Einheit in Christus fänden? Hierfür warb er leidenschaftlich auf dem Konzil, leitete die Versammlung der Bischöfe und starb dort am 15. Juli 1274. Die christlichen Kirchen blieben trotz einer vorübergehenden Annäherung getrennt. Die Einheit des Franziskanerordens hatte Bonaventura sicherstellen können. Die Philosophie der Hochscholastik zeigte zum Zeitpunkt seines Todes bereits erste Symptome der Krise und des Niederganges. Auch Bonaventura hatte durch sein Wirken dazu beigetragen. Papst Leo XIII. nannte den großen Kirchenlehrer viele Jahrhunderte später den „Fürsten aller Mystik“. Wesentlich durch ihn wurde das Interesse an der mystischen Spiritualität neu belebt.

IV. Der Ausklang der mittelalterlichen Philosophie

Die Blütezeit der Scholastik war vorüber. Neben dem reflexiven Denken behauptete die mystische Spiritualität verstärkt ihren Geltungsanspruch. Etliche berühmte Geistliche, die zugleich mit einigem Recht als Theologen und Philosophen bezeichnet werden können und den wachsenden Ordensgemeinschaften der Dominikaner und Franziskaner angehörten, suchten auf ihre Weise den Einklang zwischen Vernunft und Glauben. Doch die Epoche der mittelalterlichen Philosophie selbst näherte sich unweigerlich ihrem Abschluss zu. Wir beschäftigen uns noch mit Johannes Duns Scotus und Wilhelm von Ockham, betrachten die Mystik, vor allem die imposante Gestalt und das bis heute vielfach rezipierte Werk Meister Eckharts, und gelangen zu Nikolaus von Kues, der bereits als Gestalt des Übergangs zur Renaissance angesehen werden kann.

Johannes Duns Scotus

Über sein Leben ist nur wenig bekannt. Historisch gesichert ist der Tag seiner Priesterweihe, der 17. März 1291. Zu diesem Zeitpunkt war der in Schottland geborene Denker fast 25 Jahre alt. Dem Franziskanerorden gehörte er an, studierte in Oxford und wechselte an die Universität von Paris. Dort hielt er sich mit Unterbrechungen von 1301 bis 1307 auf. Es ist bekannt, dass er die Mathematik außerordentlich wertschätzte. Vermutlich ab 1304 lehrte Duns Scotus Theologie. Er übersiedelte im Jahr 1307 nach Köln und unterrichtete am dortigen Studienhaus der Franziskaner. Es wird berichtet, dass Johannes Duns Scotus, der bewunderte Lehrer aus Paris, im Triumphzug in Köln einzog. Die Franziskaner erhofften sich von diesem so begabten, redlichen und anregenden Philosophen neue Impulse für die theologische Ausbildung und die philosophischen Disputationen. Doch der Philosoph starb bereits am 8. November 1308.

Ähnlich wie vor ihm Albert, Thomas und Bonaventura, so erhielt auch Johannes Duns Scotus als Lehrer einen besonderen Titel, der ehrenvoll, aber auch – anders als bei den verehrten Repräsentanten der Hochscholastik – ein wenig spöttisch gemeint war. Er galt als „Doctor Subtilis", als gescheiter, klar denkender und scharfsichtiger Lehrmeister, der indessen zu Subtilitäten neigte, zu abseitigen Spitzfindigkeiten, die charakteristisch sind für eine mittlerweile überholte und selbstbezügliche Lehrmethode. Die Lust an Subtilitäten zeigt sich bei Duns Scotus beispielsweise in der Unterscheidung einer „materia primo prima", also einer „ersten ersten Materie", neben der eine „zweite erste Materie" und eine „dritte erste Materie" bestehen. Er führte diese Differenzierung konsequent durch, die Fragwürdigkeit solcher logischen Spielereien – eine Vermehrung bloßer Begriffe – war ihm nicht bewusst.

Mutmaßlich war Duns Scotus ein vorbildlicher, pflichtbewusster und beliebter Dozent, als Verfasser philosophischer Abhandlungen vermochte er nur bedingt zu überzeugen. Seinem Werk mangelt es an innerer Ordnung. Duns Scotus konnte sich nicht mehr auf verbindliche Autoritäten berufen. Wem sollte er geistig nachfolgen? Ließen sich neue Wege für Theologie und Philosophie beschreiten? An den Universitäten herrschte eine zunehmende Orientierungslosigkeit. Statt dogmatische Setzungen vorzunehmen, bemühte er sich, zu argumentieren. Es genügte nicht, sich auf die Kirchenväter zu berufen. Man suchte nach Aussagen mit Beweiskraft, nach verlässlichen Begründungen. Johannes Duns Scotus verfasste zahlreiche Abhandlungen zu Aristoteles' Werken, kommentierte die Metaphysik, den Traktat über die Seele und die Kategorienschrift – akademisch anspruchsvoll, schmucklos, terminologisch präzise, aber sehr kompliziert und abstrakt. Auf die nüchterne Eleganz der Abhandlungen von Albert und Thomas folgte somit die umständliche Darlegung von schwierigen Problemen der Metaphysik durch Duns Scotus. Dieser war ein unermüdlicher Kritiker der Scholastik mit scholastischen Mitteln, hartnäckig, engagiert, aber nicht immer verständlich. Ein geschlossenes System ist nicht erkennbar.

Die Schriften von Duns Scotus behandeln Elemente der Logik und Metaphysik, der Erkenntnis- und Wissenschaftstheorie sowie der Ethik. Zwischen ausführlichen Darlegungen bekannter Positionen befinden sich – quasi zwischen den Zeilen – eigene Nuancen. Er wägt ab, versucht noch einmal die wechselseitige Bedeutung von Philosophie und Theologie aufzuzeigen, die einander bedürfen, um die Plausibilität der Inhalte zu erweisen und einsichtig zu machen. Doch die Verbindung von Vernunft und Glauben ist bereits erschüttert. Duns Scotus gelangt zu Auffassungen, die es fraglich erscheinen lassen, ob die Erschaffung der Welt überhaupt in sich notwendig oder nur ein zufälliges Resultat des göttlichen Willens war. Gleiches gilt für die Menschwerdung Gottes in Jesus Christus und die Erlösung von Sünde und Schuld. Mit der menschlichen Vernunft lässt sich dies nicht erklären, sondern allein mit dem Willen Gottes.

Ob gewollt oder ungewollt, Duns Scotus verdeutlicht, dass wir im Blick auf den göttlichen Willen vor einem Geheimnis stehen, das wir nur gläubig annehmen, nicht aber vernünftig begreifen können. Und so wäre es auch unangemessen und eine bloße, nicht legitimierbare Mutmaßung, diesem Geschehen eine verborgene Rationalität zu unterstellen. Gott hätte genauso gut in einem Baum in die Schöpfung eintreten können, in einem Löwen, in einem Elefanten oder in einer Heuschrecke. Es steht gänzlich in seinem Schöpferwillen, nach Belieben zu walten, und er hätte auch noch andere Welten erschaffen können. Mit dieser voluntaristischen Position geht die Gewissheit eines entzifferbaren Heilsgeschehens verloren. Gott hatte keine vernünftigen Gründe für die Schöpfung. Theologen, die sich bemühen, die Absichten Gottes zu erhellen und diese zu kennen meinen, gehen zu weit. Es ist unmöglich, die Pläne des Schöpfers zu enträtseln. Erkennbar ist einzig, dass Gott Naturgesetze geschaffen hat, die er auch einhält. Genausogut könnte er sich über sie hinwegsetzen. Obgleich ihm die Möglichkeit dazu gegeben ist, nutzt er diese nicht. Gott entscheidet kraft seines Willens.

Auf welche Weise handelt, in Analogie hierzu, der Mensch als Geschöpf Gottes? Duns Scotus erkennt im menschlichen Willen das Vermögen und den Ausdruck seiner Freiheit. Der Mensch bestimmt sich selbst in der willentlichen Entscheidung, nicht in der intellektuellen Einsicht. Der Intellekt erkennt Zusammenhänge. Der Mensch entscheidet nicht souverän, er folgt Einsichten und befindet sich in einer Abhängigkeit, gebunden an den Aufbau des Erkannten. Die Vernunft büßt bei Duns Scotus ihre Vorrangstellung ein. Sie ist nicht mehr das maßgebliche Vermögen. Der Wille erscheint als dasjenige, das Gott und auch dem Menschen wesentlich ist. In der Streitfrage einer willentlich bestimmten Freiheit und der Naturnotwendigkeit urteilt Duns Scotus entschieden: „Voluntas est superior intellectu." – somit kommt dem Willen der Vorrang vor dem Intellekt zu. Der Mensch ordnet kraft seines Willens die verworrenen und unbestimmten Vorstellungen in seiner Seele und vermag sich auch willentlich über seine Triebe zu erheben. Der Wille schärft den Blick. Er verstärkt die Wirkung bestimmter Eindrücke, andere werden in ihrer Bedeutung relativiert und schwächer, bis sie sich regelrecht auflösen.

Duns Scotus betont die Verantwortlichkeit des Menschen für sein Handeln. Die besondere Würde, aber auch die Aufgaben des Individuums zeigen sich im rechten Gebrauch seiner Freiheit. Das Gute wird durch Gottes willentlichen Beschluss bestimmt, und das höchste Ziel des Menschen besteht darin, dieses Gute zu tun, nicht in einer mystischen Schau der Wahrheit, sondern in der praktizierten Liebe gemäß dem Willen Gottes. Entsprechend lautet das erste praktische Prinzip für die Moral: „Deus est diligendus." – Das heißt: Gott soll geliebt werden. Dies ist das höchste Ziel menschlichen Daseins. Wer Gott auf vollkommene Weise liebt, erfährt die Glückseligkeit. Der moralisch Handelnde strebt nach einem aufrichtigen Charakter, um seinen Nutzen zu erfahren, aber er strebt auch danach, auf eine angemessene, gute, im besten Sinne geordnete Weise zu lieben. Nur wenn der Mensch nach dieser Vervollkommung strebt, kann er wahrhaft ein glückliches, erfülltes Leben führen und Gott auf eine reine, vollendete Weise lieben. Mehr als dies vermag der Mensch in dieser Welt nicht zu erreichen.

Roger Bacon

Gelehrsamkeit war dem um 1215 geborenen Roger Bacon außerordentlich wichtig, ebenso gründliche Kenntnisse der empirischen Wissenschaften. Ähnlich wie Albert widmete er sich der Technik und betrieb Experimente. Für sträflich hielt es Bacon, Mathematik und Naturwissenschaft zu vernachlässigen. In gleicher Weise forderte er dazu auf, mittellose Jünglinge zu unterrichten. Er trat dem Franziskanerorden bei. Wegen seiner physikalischen Versuche wurde er von manchen seiner Widersacher als gottloser Zauberer angesehen. Dass er „Doctor Mirabilis" genannt wurde, war wenig schmeichelhaft. Roger Bacon wurde seiner ungewöhnlichen Forschungen wegen für zehn

Jahre seines Lebens in einem Kloster interniert. Empirische Kenntnisse sind für Bacon elementar. An Thomas von Aquin tadelt er, dass dieser Aristoteles kommentierte, ohne die griechische Sprache zu beherrschen. Gleichzeitig kritisierte Bacon den immensen Mangel an mathematisch-physikalischen Kenntnissen des Aquinaten, über die dessen Lehrer Albert immerhin verfügt habe.

Die erfahrungswissenschaftlichen Mängel der scholastischen Philosophie auszugleichen, ist Roger Bacons primäre Intention, um hierdurch Vorurteile zu beseitigen, sichere Erkenntniswege zu bahnen und nicht ausreichend begründete Autoritäten zu erschüttern. Der Wissenschaftsbegriff des englischen Franziskaners weist bereits weit über seine eigene Zeit hinaus in die Moderne. Bacon erweist sich als ein unkonventioneller Denker, er verbindet die Kritik der verschiedenen Formen der Unbildung mit der Rüge der Trägheit jener, die sich ausschließlich auf herkömmliche Verfahrensweisen, Gewohnheiten und die Kirche berufen. Die Scholastiker, welche allein die Kirchenväter als Maßstab anerkennen und die Auffassung vertreten, etwas sei richtig, nur weil ein berühmter Mann der Kirche diese Ansicht vertreten habe, weist Roger Bacon entschieden zurück.

Vielmehr leitet er zu einer kritischen Rezeption an. Diese setzt Sprachkenntnisse des Hebräischen, Griechischen und Arabischen voraus. Einsichten, die ohne das angemessene Rüstzeug gewonnen werden, nennt er vorläufig und unbefriedigend. Man kann zwar ein System aus solchen Wissensfragmenten errichten; doch ebenso wenig, wie die spekulative Methode im Bereich der Physik und Astronomie die mühsame Arbeit mit Werkzeugen adäquat ersetzen kann, lassen sich die Schriften des Aristoteles und die Bibel wirklich lesen und verstehen, wenn man nicht über Sprachkenntnisse verfügt. Bacon weiß auch, dass bloße Beobachtungen und Betrachtungen noch nicht zu Erkenntnissen führen. Und doch schärft er die Vorbehalte gegen die scholastische Manier, allein auf Vernunftbeweise zu vertrauen und Erkenntnis ohne jegliche praktische Erfahrung sammeln zu können. Bacon fordert eine methodische Neuregelung, um die Ursachen sorgfältig zu untersuchen, Gesetzmäßigkeiten verlässlich zu erkennen und die Ordnung der Natur systematisch zu erforschen. Die Mathematik erweist sich als hilfreich, sie bewahrt auch vor einer allzu ausschweifend gewordenen Metaphysik, welche zwar in sich stimmige Gedankenwelten logisch zu entfalten vermag, aber an simplen Erklärungsversuchen für Naturabläufe kläglich scheitert. Roger Bacon empfiehlt die „scientia experimentalis", konkrete Versuche, nicht Magie und Zauberei, und es zeigt eine gewisse Ironie, dass etablierte Scholastiker, die viel eher als metaphysische Zauberkünstler gelten können, ihr System bedroht und in Roger Bacons Schrifttum und Lehrtätigkeit eine große Gefahr sahen.

Bacon erfand Vergrößerungsgläser und stellte zutreffende Beobachtungen zur Optik an. Die Brechung der Strahlen des Lichtes untersuchte er aufmerksam, in der Astronomie wusste er die Größenunterschiede von Sonne und Mond treffend zu benennen. Er spekulierte über Gefährte, die ohne Pferde bewegt werden können, und über Neuerungen im Bereich der Schifffahrt. Allerdings schränkte er die Freiheit des menschlichen Willens ein, da er der jeweiligen Konstellation der Planeten beträchtlichen Einfluss bei Entscheidungen zuschrieb. Auch waren seine Kenntnisse des Griechischen lückenhaft. Roger Bacon gab viel auf sein pädagogisches Talent und glaubte, Schülern in wenigen Tagen die alten Sprachen vermitteln zu können, übersetzte selbst aber mitunter fehlerhaft und verwechselte sogar einzelne Silben.

Zudem dürfen wir nicht verkennen, dass er, so anregend er auch wirkte, gänzlich der christlichen Theologie verhaftet blieb. Den Raum für den Schöpfer schränkt er nicht ein. Bacon unterscheidet zwischen einer Welt, die der Erfahrungswissenschaft zugänglich ist, und einem inneren Weg, deren Höhepunkt die mystische Schau des Göttlichen bildet. Zwar wird die Vernunft zur Weltorientierung empfohlen, jedoch bleibt die Wirklichkeit der Transzendenz der empirischen Erkenntnismethode unzugänglich. Fragwürdige Autoritäten werden bezweifelt, die Macht der Kirche selbst wird nicht zu diesen gezählt. Die Wissenschaft, so wichtig und nötig sie ist, bleibt innerhalb der Kirche nachrangig. Der Glaube steht über der Einsicht, und selbst die Erfahrung und mit dieser auch die Würdigung der Tradition der Institution, also die Erfahrung der Generationen zuvor, sind ihm untergeordnet. Die Theologie wird als „edelste Wissenschaft“ bezeichnet, die Philosophie ist ihr ohne Einschränkung dienstbar. Nicht jeder Mensch vermag die Worte Gottes in der Heiligen Schrift richtig zu deuten. Der Papst als „vicarius“, als Stellvertreter Christi auf Erden, ist zugleich auch der oberste Exeget der Bibel – und das Christentum die durch Jesus Christus, den menschgewordenen Sohn Gottes, geoffenbarte Religion, welcher jeder Mensch anhängen muss.

Jedoch gesteht Roger Bacon auch Angehörigen anderer Religionen sowie Ungebildeten zu, dass sie über die elementaren Kenntnisse der Moral und das Wissen von Gut und Böse verfügen, das sie freilich nicht mittels ihrer Vernunft erworben haben, sondern das ihnen von Gott eingegeben wurde. Er schreibt: „Jeder Mensch trägt in seiner Seele ein großes Buch über die Sünden, die er von Jugend auf begangen hat, und selbst Bauern und alte Frauen, nicht bloß bei Christen, sondern auch bei den Sarazenen und anderen Ungläubigen, verstehen, in sittlichen Fragen zu überzeugen.“ Dass die Ungläubigen zum einzig wahren Glauben bekehrt werden sollen, forderte auch Roger Bacon – und setzte hierbei in besonderer Weise auf die menschliche Vernunft.

Wilhelm von Ockham

Zu den scotistisch gebildeten Franziskanermönchen aus England zählt auch der etwa um 1285 in der Grafschaft Surrey geborene Wilhelm von Ockham. 1306 wurde er in Southwark zum Subdiakon geweiht, 1310 schloss er offenbar seine Studien in London ab. An der Universität von Oxford unterrichtete er von 1317 bis 1319, wurde aber nicht Magister. Ockham blieb „inceptor", also „Beginner", ein Dozent mit einer eingeschränkten Lehrbefugnis. Indessen erhielt er später den Beinamen „Venerabilis inceptor", das heißt: „verehrungswürdiger Beginner".

Wilhelm von Ockhams Lehre war vielfach umstritten. Verschiedentlich musste er seine theologischen Ansichten vor päpstlichen Kommissionen erläutern und rechtfertigen. Gleichzeitig bestanden Differenzen in kirchenpolitischen Fragen. Ockham verbrachte notgedrungen einige Zeit am Hof des Papstes in Avignon und musste sich für viele seiner Ausführungen zur Trinität, zur Logik und zur Lehre von der göttlichen Allmacht verteidigen. Auch die Franziskaner diskutierten erneut das Selbstverständnis ihres Ordens hinsichtlich der Frage des Armutsgebots. Ockham hielt den amtierenden Papst Johannes XXII. für einen Ketzer. Nach Streitigkeiten in Avignon gelangte Ockham nach Pisa und schloss sich Kaiser Ludwig IV. an, den der Papst nicht anerkannt hatte. Im Jahr 1329 wurde Ockham exkommuniziert. Er galt als abtrünnig. 1347 starb Wilhelm von Ockham in München.

In Bayern hatte er zahlreiche Abhandlungen zur Politik verfasst und sich dezidiert für den Kaiser eingesetzt. Die Kritik am Papsttum und an den hierarchischen Strukturen der Kirche bildete gewissermaßen den Abschluss seines philosophischen Schaffens, das mit wissenschaftlichen Schriften in England begonnen hatte. Geäußert hat Ockham diese Kritik in Form von Fragestellungen. Die „Octo quaestiones de potestate pape" behandeln Probleme verschiedener Art, etwa, ob die höchste geistliche und die oberste weltliche Macht so verschieden seien, dass sie nicht von demselben Menschen ausgeübt werden können. Ockham fragt auch, ob der Papst und die Kirche, die durch Christus eingesetzt sind, nicht dem Kaiser die Gerichtsbarkeit in weltlichen Fragen überlassen sollten. Die Fragen werden nicht entschieden, aber Ockham referiert zahlreiche Argumente, und der Leser vermag zu entscheiden, welche Ansichten das größere Gewicht haben. Die Kardinäle der Kurie und der Papst selbst hatten die abweichenden Auffassungen dieses Franziskaners über die Hierarchie sehr deutlich erkannt. Die Kritik an der Machtfülle des Papstes ist auch unmissverständlich. Es heißt in Ockhams Abhandlung: „Es ist für die Gemeinschaft der Gläubigen nicht vorteilhaft, wenn der Papst die Macht hat, den Gläubigen ohne ihr Verschulden und ohne offenkundigen Grund schwere Lasten aufzuerlegen, an die sie weder durch göttliches Recht noch durch Naturrecht noch durch freiwillige Selbstverpflichtung gebunden sind; denn eine solche Macht könnte aufgrund der Torheit oder Nichtsnutzigkeit eines höchsten Bischofs zu weltlicher und leiblicher Zerstörung wie auch zur geistlichen Zerstörung der Gläubigen führen; denn er brächte oft nicht nur die schwachen Guten, sondern auch die Unvollkommenen durcheinander und stürzte die Schlechten in Verzweiflung."

Abseits seiner politischen Arbeiten und Meinungen gilt Wilhelm von Ockham als Erneuerer des Nominalismus. Nicht die Ideen bestehen, nur einzelne Gegenstände. Die Allgemeinbegriffe, die wir bilden, haben keine Entsprechung in der Wirklichkeit. Sie sind Schöpfungen unseres Denkens. Diese Begriffe können die Gegenstände nicht exakt wiedergeben, nur in der Sprache, als Zeichen, als „termini", existieren sie. Ockham bestreitet das „an sich": So wenig, wie es einen „Baum an sich" und einen „Elefanten an sich" gebe, lasse sich ein „Mensch an sich" außerhalb unseres Denkens annehmen und vorfinden. Dies sei eine unzulässige „Vervielfachung des Seienden“.

Der berühmteste Ausspruch Wilhelm von Ockhams lautet demgemäß: „Entia praeter necessitatem non sunt servanda.“, das heißt, man solle die Wesenheiten nicht ohne Notwendigkeit vermehren. Gleiches gilt, so ließe sich anfügen, auch für das Bemühen vieler scholastischer Philosophen, allzu viel über Engel auszusagen oder beliebig viele Wesenheiten zu erdenken. Nur für das Individuum hat die allgemeingültige Aussage ihre Berechtigung und ihre Aussagekraft. Wer sagt: „Der Mensch ist sterblich“, trifft nur eine Bestimmung für das Individuum, nicht für den „Menschen an sich“, denn es ist unabweisbar, dass alle Menschen, die leben, auch sterben müssen, aber nur als Individuen, nicht als Gattungswesen. Die begriffliche Abstraktion ist nur ein theoretisches Konstrukt ohne Entsprechung in der Außenwelt.

Wenngleich nur in Ansätzen, gelingt es Wilhelm von Ockham, dass die Ausrichtung auf bloße Abstraktion vermindert wird und die intuitive Erkenntnis neuen Raum gewinnt, eine Form der Weltbetrachtung mithin, die auf erfahrungswissenschaftlichen Grundsätzen und Methoden beruht. Statt aus Prinzipien unter dem Primat der Metaphysik zu deduzieren, wird nun die Möglichkeit einer induktiven Erkenntnisweise aufgezeigt. Diese wird für den Bereich der Naturerkenntnis unerlässlich, ebenso auch für das Feld der inneren Erfahrung, also der Betrachtung und Analyse der Seelenzustände.

Diese Neuausrichtung der Erkenntnistheorie führt zu den folgenreichen Einschätzungen, dass weder die Existenz Gottes noch seine Prädikate mit der Schlussweise der menschlichen Vernunft erfasst werden können. In ähnlicher Weise wie Duns Scotus gesteht Ockham Gott eine allmächtige Willkür zu. Er hätte auch „natura asinina“ annehmen können, also eine Eselsgestalt. Allenfalls sinngemäß könne sein Wesen verstanden und aufgefasst werden. Die menschliche Unwissenheit bezieht sich nicht nur lapidar auf Erkenntnisprobleme in der Welt der empirisch erfahrbaren Gegenstände, sondern zuerst auf die Fragen, die sich mit der Offenbarung verbinden. Wer glaubt, muss sich notwendigerweise dem Unsichtbaren und Geheimnisvollen zuwenden. Die Existenz des Unbeweisbaren zu glauben, nennt Ockham einen außerordentlich verdienstvollen Akt des menschlichen Willens. Die göttliche Willkür indessen birgt Schwierigkeiten verschiedener Art in sich. Gott ist absolut frei in seinen Entscheidungen. Er hätte in jeglicher Gestalt oder Lebensform inkarnieren können. Die Geschöpfe sind ihm ausgeliefert: „Wie Gott jede Kreatur erschafft, bloß, weil er es so will, so kann er auch mit der Kreatur machen, was ihm gefällt." Damit beantwortet Wilhelm von Ockham die Frage nach dem Sinn des Lebens und auch des Leidens mit einer herzlos anmutenden Eindeutigkeit, die fatalistische Züge trägt und das Ausgeliefertsein des Menschen in einer unmissverständlichen Deutlichkeit veranschaulicht. Es ist Gott in seiner Machtfülle möglich, Gerechte wie Ungerechte zu bestrafen, jedes Lebewesen „ohne irgendwelche Ungerechtigkeit zu vernichten", allein die „absolute Macht Gottes" macht den Menschen „würdig" und „verdienstlich". Er ist ganz und gar Gott ausgeliefert. Gut und Böse werden durch den absolut freien Willen Gottes festgelegt.

Ockham fragt, was moralische Gutheit oder Schlechtigkeit sei. Die Gutheit einer Handlung ist für ihn zunächst nicht mehr als ein Name oder Begriff, der einen neutralen Akt deutet, eine von außen hinzukommende Bezeichnung, mithin also keine der Handlung innewohnende Bestimmung. Ockham schreibt sodann: „Ein Akt ist nicht deswegen tugendhaft, weil er ausschließlich mit der rechten Vernunft übereinstimmt, denn wenn Gott in meinem Willen einen Akt hervorbrächte, der mit der rechten Vernunft übereinstimmt, ohne dass mein Wille etwas dazu beiträgt, dann wäre dieser Akt weder verdienstlich noch tugendhaft. Daher ist zur Gutheit des Aktes erforderlich, dass er in der Macht des Willens von jenem steht, der den Akt ausführt. Ähnlich ist ein Akt nicht tugendhafter wegen der rechten Vernunft als wegen des Ziels oder eines anderen Umstandes, denn wie die rechte Vernunft eine Teilursache des tugendhaften oder lasterhaften Aktes ist, so ist es gelegentlich das Ziel und der rechte Zeitpunkt. Und doch nimmt niemand an, dass die erste Gutheit des Aktes vom Ziel oder vom Zeitpunkt stammt, sondern nur der Akt des Willens, der in erster Linie zurechenbar, in erster Linie moralisch gut oder schlecht ist. Erst danach wird der Wille gut oder schlecht genannt aufgrund des Aktes, und manchmal wird auch der Akt durch eine äußerlich hinzukommende Bestimmung benannt."

Für die Vergebung der Sünden, für jegliche Handlungen gilt der Ausspruch: „Gott hätte auch eine andere Anordnung treffen können." Der Mensch ist gezwungen, sich an das Gegebene zu halten. Die Frage „Warum?" erweist sich als entbehrlich, ebenso wie es unnötig ist, Zusammenhänge zu konstruieren, welche das Geschehen mit einer vermeintlich sinnvollen Ordnung ersichtlich und verständlich erscheinen lassen. Die Plausibilität einer Abfolge von Ereignissen wird der erfahrbaren Wirklichkeit nur unterlegt. Gott steht außerhalb des Zugriffs menschlicher Erkenntnismöglichkeiten und begrenzter Moralvorstellungen. Ockham schärft das Bewusstsein für die menschliche Unwissenheit, die vor einem rational nicht erschließbaren Mysterium steht – Gott entzieht sich, der Mensch ist außerstande, ihn zu begreifen oder Wissen über ihn zu sammeln. Aber die Möglichkeiten auszusprechen, die Wilhelm von Ockham erwähnt, etwa dass Gott in Eselsgestalt hätte in die Welt kommen können, zeigen doch nur auf bedingte Weise Respekt vor dem Schöpfer, über dessen unerkennbare Andersheit der Philosoph manches glaubt sagen zu können.

Bemerkenswert erscheint das Werk des Wilhelm von Ockham in vielerlei Hinsicht, insbesondere auch, weil es auf die Schwierigkeiten bei der syllogistischen Schlussweise aufmerksam macht. Sofern nämlich die Prämissen falsch sind, ergeben sich schlicht unzutreffende Aussagen. Ockham erläutert dies an einfachen und anschaulichen Beispielen. Wenn wir sagen: „Sokrates ist vernünftig" und „Sokrates ist ein Lebewesen", so ergibt sich als Konklusion die Aussage: „Sokrates ist ein vernünftiges Lebewesen." Anders verhält es sich aber, wenn eine „uneigentliche Redeweise" vorliegt, wenn also auf die objektive Wahrheit der Prämissen nicht geachtet wird oder diese bewusst falsch zusammengesetzt werden. Dafür liefert Wilhelm von Ockham zwei einleuchtende Beispiele. Wir sagen: „Sokrates ist ein Mensch." Dies ist nachvollziehbar und erweislich richtig, es lässt sich empirisch verifizieren. Nehmen wir als zweite Aussage aber: „Sokrates ist ein Tier", so lautet die Folgerung: „Also ist Sokrates ein menschliches Tier." Das war für Wilhelm von Ockham schon absurd genug, wir hingegen würden dies mit den mittlerweile erworbenen Kenntnissen im Bereich der Naturwissenschaften über die Verwandtschaft von Mensch und Tier wahrscheinlich differenzierter beurteilen. Offenkundig wird die Problematik einer Schlussweise mit definitiv unzutreffenden Prämissen, wenn wir das dritte Beispiel von Ockham betrachten. Wir stellen also zunächst fest: „Sokrates ist ein Mensch", um danach zu auszusagen: „Sokrates ist ein Stein." Die Folgerung, die sich daraus ergibt, lautet: „Sokrates ist ein steinerner Mensch." Somit hat Wilhelm von Ockham sehr deutlich die Schwierigkeiten der syllogistischen Logik plausibel dargelegt und sich als Kritiker dieser Schlussweise erwiesen.

Mystik

Die Mystik hat viele Gesichter. Und so groß auch die Faszination sein mag, die diese wesentlich von Plotins Denken inspirierte und der Erfahrung der Ekstase geprägte Epoche ausübt, so sehr wirken ihre Repräsentanten und deren vielschichtigen Werke auf uns heute rätselhaft und verwunderlich. Die nüchterne Klarheit der Reflexion wird verdrängt von einer esoterisch anmutenden Lehre, die oft meditative Züge trägt und, ganz anders als die Philosophen und Theologen der Scholastik, die Herzen der einfachen Leute anspricht, ja anrührt. Mithilfe der Lebens- und Denkwege von Mechthild von Magdeburg und Mechthild von Hackeborn, von Meister Eckhart, Johannes Tauler und Thomas von Kempen wollen wir uns dieser geistesgeschichtlichen Strömung zuwenden.

Mechthild wurde etwa 1210 nahe Magdeburg geboren. Ihre Eltern gehörten zum Adelsstand. Somit erhielt Mechthild eine gute höfische Erziehung. 1230 schloss sie sich den Magdeburger Beginen an. Die franziskanische Spiritualität faszinierte Mechthild ebenso wie das Bemühen um eine authentisch gelebte Nachfolge Christi. Dazu gehörten auch Selbstkasteiungen als Zeichen des Bemühens, sich als ganze Person dem Willen Gottes zu fügen. Mechthild unterrichtete Kinder, verrichtete etliche soziale Dienste und korrespondierte mit den Dominikanern in Halle. Früh – so auch in ihrem bekanntesten Werk „Das fließende Licht der Gottheit“ – übte Mechthild Kritik an kirchlichen Strukturen, wenngleich ihr die mystische Schau Gottes wesentlich wichtiger war als die Anklage selbstherrlicher Domherren, die von ihr schon einmal als „Böcke“ oder Narren bezeichnet werden.

Mechthild glaubte, dass sie von Gott erleuchtet und gesandt war, und von diesem machtvollen Auftrag kündet auch ihr Buch.

Gleich zu Anfang schreibt sie: „Dieses Buch sende ich nun als Boten allen geistlichen Leuten, die die Säulen der Kirche sind, den guten wie den schlechten; denn, wenn die Säulen fallen, dann kann das Gebäude nicht überdauern." Gottes Liebe äußert sich in fließender Bewegung, im geistlichen, ekstatischen Aufschwung, aber auch im Niedersinken der Seele. Die Liebe erweist sich als ein dynamisches Geschehen in der Bewegung zum mystischen Einswerden mit Gott, zugleich auch im „Entsinken" aus Gehorsam gegen Gott. Ihren Weg beschreibt Mechthild in bildhafter Sprache im „Selbstbekenntnis": „Ich wusste von Gott nicht mehr denn das christliche Glaubensbekenntnis allein, und danach strebte ich stets mit Fleiß, dass mein Herz werde rein. Gott selber ist mein Zeuge, dass ich ihn nie mit Willen noch mit Begehren bat, er solle mir diese Dinge geben, die in diesem Buche sind geschrieben. Ich dachte auch nie, dass es einem Menschen könne geschehen. Dieweil ich bei meinen Verwandten und Bekannten war, denen ich stets die liebste war, hatte ich keine Kunde dieser Dinge. Damals hatte ich schon lange vorher begehrt, dass ich ohne meine Schuld verschmäht würde. Und so zog ich aus Liebe zu Gott in eine Stadt, wo mich niemand kannte, außer einem Menschen allein. Vor demselben hatte ich Sorge, dass mir die heilige Verschmähung und die lautere Gottesliebe durch ihn entzogen würde. Damals ließ mich Gott nirgends allein und brachte mich in so minnigliche Süßigkeit, in so heilige Erkenntnis und in so unbegreifliche Wunder, dass ich irdische Dinge wenig genießen konnte. Damals zuerst ward mein Geist in meinem Gebete entrückt zwischen den Himmel und das Luftreich. Da sah ich mit meiner Seele Augen in himmlischer Wonne die schöne Menschheit unseres Herrn Jesu Christi, und ich erkannte ihn an seinem hehren Antlitze … Die heilige Dreifaltigkeit: des Vaters Ewigkeit, des Sohnes Leid, des Heiligen Geistes Süßigkeit." Das Buch selbst, so Mechthild, sei „geflossen aus der lebendigen Gottheit". Sie spricht von Engeln und Teufeln, von Visionen, wie ihr das Böse als „Träger in schönem Engelgewande“ während einer Messe entgegengetreten sei, dem sie aber ebenso zu widerstehen wusste wie dem „Meister der heimlichen Unkeuschheit“. Aber die Liebe zu Gott oder, wie Mechthild sich ausdrückt, die „Minne“ befreit von allem Unheil.

Gott ist für die Mystikerin der Vollkommene und ewig in sich selbst Vollendete. Sie beschreibt ihn auf folgende Weise: „Wo war Gott, ehe er etwas schuf? Er war in sich selber, und in ihm waren alle Dinge gegenwärtig und offenbar, wie sie heute sind. Und wie war unser Herr damals gestaltet? Recht in gleicher Weise wie eine Kugel, und alle Dinge waren in Gott beschlossen ohne Schloss und ohne Tür. Das Niederteil dieser Kugel, das ist eine grundlose Feste unter allen Abgründen; das oberste Teil der Kugel, das ist eine Höhe, darüber es nichts gibt. Der Umfang der Kugel, das ist ein unbegreiflicher Zirkel. Noch war Gott damals nicht Schöpfer geworden. Da er aber alle Dinge erschuf, da ward diese Kugel aufgeschlossen. Ist also ein Riss im Ganzen entstanden? Nein. Sie ist noch ganz und wird immer ganz bleiben. Als Gott Schöpfer war, da wurden alle Kreaturen in sich selbst offenbar: der Mensch, um Gott zu minnen, zu genießen und zu erkennen und gehorsam zu bleiben; Vogel und Tier, um ihre Natur zu erkennen; die toten Kreaturen, um in ihrem Wesen zu bestehen. Nun höre: Was wir erkennen, das ist alles nichts, wenn wir Gott nicht wohlgeordnet in allen Dingen minnen, so wie er selber alle Dinge in wohlgeordneter Minne geschaffen hat und auch uns das Gleiche geboten und gelehrt hat.“ Mechthild von Magdeburg starb 1282 als Zisterzienserin in Eisleben.

Meister Eckhart lebte von 1260 bis 1327. Um das Jahr 1300 wirkte auch er als Dozent an der Universität von Paris, später war er vor allem als Volksprediger tätig. Er hielt, was außerordentlich ungewöhnlich war, deutsche Predigten. Missgünstige Kleriker warfen ihm vor, er profaniere die scholastische Schulgelehrsamkeit, weil er das ungebildete Volk von der Kanzel unterrichte. In dem „Buch der göttlichen Tröstung" schreibt Meister Eckhart: „Soll man nicht ungelehrte Leute lehren, so wird niemals wer gelehrt ... Denn darum belehrt man die Ungelehrten, dass sie aus Ungelehrten zu Gelehrten werden." Der Mystiker wurde sehr oft nicht verstanden, was ihn aber kaum bekümmerte. Er war sich seiner selbst und seiner Lehre sehr gewiss: „Was kann ich dafür, dass jemand das nicht versteht?" Andernorts heißt es: „Mir genügt's, dass in mir und in Gott wahr sei, was ich spreche und schreibe. Wer einen Stab in Wasser getaucht sieht, den dünkt der Stab krumm, wenngleich er ganz gerade ist, und das kommt daher, dass das Wasser gröber ist als die Luft; gleichviel ist der Stab sowohl an sich wie auch in den Augen dessen, der ihn nur in der Reinheit der Luft sieht, gerade und nicht krumm." In dieser „Reinheit der Luft" wähnte sich Meister Eckhart und bemerkte: „Wer diese Rede nicht versteht, der bekümmere sein Herz nicht damit. Denn solange der Mensch dieser Wahrheit nicht gleicht, solange wird er diese Rede nicht verstehen. Denn es ist eine unverhüllte Wahrheit, die da gekommen ist aus dem Herzen Gottes unmittelbar."

Der Vorwurf, er böte so etwas wie eine Volksausgabe der Scholastik dar, war unberechtigt. Meister Eckhart suchte eine gänzlich neue Zugangsweise, die die mystische Versenkung mit einem geschärften Blick für die Wirklichkeit verband, wie er sie erfuhr und wie sie sich geistig erschließen ließ. Der Blick nach außen ließ sich von der Schau in das Innere nicht lösen. Meister Eckhart lehrte Gehorsam, aber nicht Gehorsam gegenüber Autoritäten, letztlich auch nicht gegenüber der Kirche, sondern einen Gehorsam, der eine Abwendung von der Sucht bedeutete, das eigene Ich zu überhöhen. Wer demütig und gehorsam ist, dem wendet sich Gott zu. Meister Eckhart schreibt: „Wo der

Mensch in Gehorsam aus seinem Ich herausgeht und sich des Seinen entschlägt, ebenda muss Gott notgedrungen hinwiederum eingehen; denn wenn einer für sich selbst nichts will, für den muss Gott in gleicher Weise wollen wie für sich selbst. Wenn ich mich meines Willens entäußert habe in die Hand meines Oberen und für mich selbst nichts will, so muss Gott darum für mich wollen, und versäumt er etwas für mich darum, so versäumt er es zugleich für sich selbst. So steht's in allen Dingen: Wo ich nichts für mich will, da will Gott für mich. Nun gebt acht! Was will er denn für mich, wenn ich nichts für mich will? Darin, wo ich von meinem Ich lasse, da muss er für mich notwendig alles das wollen, was er für sich selbst will, nicht weniger noch mehr, und in derselben Weise, mit der er für sich will. Und täte Gott das nicht, bei der Wahrheit, die Gott ist, so wäre Gott nicht gerecht, noch wäre er Gott, was doch sein natürliches Sein ist."

Meister Eckharts Radikalität zeigt sich in seinen Betrachtungen zum Begriff der geistlichen oder geistigen Armut, die sich von der bloßen Haltung jener unterscheidet, die glauben, dass sie dies mit einer asketischen Daseinsweise und Andachtsübungen und Frömmigkeitsritualen wahrhaft praktizieren. Diese Menschen sind für Meister Eckhart zwar bemüht, aber nicht wirklich groß – und, recht bedacht, auch nicht arm. Von geistiger Armut verstehen sie im Grunde gar nichts.

Die letzte Stufe und der wesentliche Grund von Eckharts Verständnis dieses Armseins zeigt sich in der äußersten Radikalität jenes Menschen, der nichts will, nichts weiß und nichts hat, der nicht einmal den Willen Gottes erfüllen möchte und überhaupt nichts vom Wirken Gottes in sich weiß. Meister Eckhart formuliert dies wie folgt: „Als ich in meiner ersten Ursache stand, da hatte ich keinen Gott, und da war ich Ursache meiner selbst. Ich wollte nichts, ich begehrte nichts, denn ich war ein lediges Sein und ein Erkennen meiner selbst im Genuss der

Wahrheit. Da wollte ich mich selbst und wollte nichts sonst; was ich wollte, das war ich, und was ich war, das wollte ich, und hier stand ich Gottes und aller Dinge ledig … Darum bitte ich Gott, dass er mich Gottes quitt mache; denn mein wesentliches Sein ist oberhalb von Gott, sofern wir Gott als Beginn der Kreaturen fassen. In jenem Sein Gottes nämlich, wo Gott über allem Sein und über aller Unterschiedenheit ist, dort war ich selber, da wollte ich mich selber und erkannte mich selber, diesen Menschen zu schaffen. Und darum bin ich Ursache meiner selbst meinem Sein nach, das ewig ist … In meiner ewigen Geburt wurden alle Dinge geboren, und ich war Ursache meiner selbst und aller Dinge; und hätte ich gewollt, so wäre weder ich noch wären alle Dinge; wäre aber ich nicht, so wäre auch ‚Gott' nicht: dass Gott ‚Gott' ist, dafür bin ich die Ursache; wäre ich nicht, so wäre Gott nicht ‚Gott'."

Das Ich entäußert sich seiner selbst aus allen Bindungen und Beschränkungen. Auf diese Weise geistig arm geworden, kehrt der Mensch in sein eigentliches Wesen, in die Wahrheit seiner selbst zurück und durchschreitet auch Gott, um in die göttliche Vernunft einzugehen. Auf die Entäußerung, auf den Tod des „alten" Menschen folgt das Werden des „neuen". Der Mensch hat das Innerste seines Wesens freigelegt und erfährt den Einfluss des Göttlichen. Das Göttliche ergießt sich in den Grund seiner Seele, wenn sie sich als frei und aufnahmefähig entdeckt hat. Diese entblößte, empfängliche und von allem frei gewordene Seele ist der Ort der inneren Gottesgeburt: „Hier aber sind Gottes Grund und mein Grund völlig eins, und in diesem einigen Grund gebiert nun der Vater seinen Sohn, ja gebiert er mich als seinen Sohn, gebiert sich mich und mich sich, auf dass auch ich Vater werde und den gebäre, von dem ich ewig geboren wurde."

Dieser „neue" Mensch ist der wahrhaft Gerechte, der nicht länger Knecht, sondern der wiedergeboren ist als Sohn, der eins ist mit dem Vater, der ihn gezeugt hat und von diesem nicht unterschieden werden kann. Von der geistigen Armut des Nichtwollens, Nichthabens und Nichtwissens nimmt die Entwicklung des Menschen als Gerechten nun eine neue Richtung und Energie. Neben dem „In-sich-selbst-Ruhen“ und „Feststehen“ entsteht – so legt der große Mystiker dar – ein „gewisses Kochen oder Sich-selbst-Gebären, das in sich glüht und in sich selbst und über sich selbst verfließt und kocht, ein Licht, das im Licht und ins Licht mit sich ganz sich ganz durchdringt und das mit sich ganz über sich ganz überall gewandt und zurückgebogen“. Der Gerechte wirkt in dieser Welt als wahrhaft Lebender: „Das Leben besagt nämlich ein Ausströmen, bei dem etwas in sich selbst schwellend sich zunächst in sich selbst ergießt mit jedem Teil seiner selbst in jeden Teil seiner selbst, bevor er sich ausgießt und überkocht nach draußen.“

So zeigt Meister Eckhart, dass das kontemplativ-mystische und das tätige Leben nicht voneinander zu scheiden sind. Wer zu einem Gerechten geworden ist, der wird gerecht handeln: „Der heilige Thomas sagt, das wirkende Leben sei dann besser als das schauende, wenn man in der Wirksamkeit in Liebe ausgießt, was man in der Schau eingebracht hat. Dabei liegt nur Eines vor, denn man greift nirgends hin als in den gleichen Grund der Schau und macht das fruchtbar im Wirken, und eben da wird der Sinn der Schau erfüllt. Wenn auch dabei Bewegung vor sich geht, so ist es doch nichts als Eines: es kommt aus einem Ende, das Gott ist, und kehrt wieder in dasselbe zurück. Wie wenn ich in diesem Hause von einem Ende zum andern ginge, das wäre wohl Bewegung und wäre doch nichts als Eines in Einem. Ganz so hat man in dieser Wirksamkeit nichts anderes als ein Schauen in Gott. Das eine ruht im andern und vollendet das andere. Denn Gott hat es in der Einheit der Schau auf die Fruchtbarkeit des Wirkens abgesehen, denn in der Schau dienst du allein dir selbst, aber in den Tugenden dienst du der

Menge." Tugendhaft zu sein, dies ist für Meister Eckhart gerecht und gut, und was von dem Gerechten in Gerechtigkeit gewirkt wird, das erfreut Gott, ja es „durchfreut" ihn, „denn nichts bleibt in seinem Grunde, was nicht von Freude durchkitzelt würde".

Der Dominikanermönch Meister Eckhart ermunterte jeden Christen, sich selbst auf den Weg der Erkenntnis Gottes zu begeben. 1326 wurde auf Betreiben des Kölner Erzbischofs das Inquisitionsverfahren gegen ihn eröffnet. Nicht einzelner Thesen wegen wurde er angeklagt. Der Häresieverdacht bezog sich auf sein ganzes Wirken als Prediger. In den Augen mächtiger Kirchenfürsten war der Mystiker in hohem Maße gefährlich. Meister Eckhart war tief von dem überzeugt, was er verkündigte, und davon, dass die Wahrheit, die er erkannt zu haben glaubte, mitteilbar war und mitgeteilt werden musste. Als Ketzer verurteilt wurde er 1329, da war er längst gestorben. Meister Eckhart galt als „Lesemeister" und „Lebemeister", als Mystiker und Seelsorger – und predigte leidenschaftlich über die „Gottesgeburt in uns": „Es gibt zweierlei Geburt des Menschen: eine *in* die Welt und eine *aus* der Welt, will sagen: geistig in Gott hinein. Willst du wissen, ob dein Kind geboren werde und ob es entblößt sei, das heißt: ob du zu Gottes Sohn gemacht seist? – Solange du Leid in deinem Herzen hast um irgend etwas, und sei's selbst um Sünde, solange ist dein Kind nicht geboren. Hast du Herzeleid, so bist du noch nicht Mutter, du bist vielmehr noch im Gebären und *nahe* der Geburt. Gerate deshalb nicht in Zweifel, wenn du leidvoll um dich oder um deinen Freund bist: ist es da zwar noch nicht geboren, so ist es doch *nahe* der Geburt. Dann aber ist es vollkommen geboren, wenn der Mensch um nichts von Herzen Leid empfindet: dann hat der Mensch das Sein und die Natur und die Substanz und die Weisheit und die Freude und alles, was Gott hat. Dann wird dasselbe Sein des Sohnes Gottes unser und in uns, und wir kommen in dasselbe Sein Gottes."

Mechthild von Hackeborn lebte von 1241 bis 1299 und stand der Klosterschule von Helfta vor. Die Zisterzienserin litt an verschiedenen körperlichen Gebrechen, die sie von der Teilhabe am Leben der klösterlichen Gemeinschaft fernhielten. Doch inmitten der größten Verlassenheit, so wird erzählt, empfing sie „überfließenden Trost“ von Gott und erfuhr die „Süßigkeit seiner Gegenwart“. Viele Menschen vertrauten sich Mechthild in der Hoffnung an, dass sie deren Anliegen zu Gott vorbringe, während sie „wie tot“, von Krankheit gepeinigt, darniederlag. Menschen, die mitfühlende Worte zu ihr sprachen, erwiderte sie: „Meine Seele vergnügt sich in göttlichem Genusse, schwimmend in der Gottheit wie ein Fisch im Wasser oder ein Vogel in der Luft; und kein Unterschied ist zwischen dem Gottgenusse der Heiligen und der Einung meiner Seele als dieser, dass sie in der Freude, ich in der Pein ihn genieße.“

Mechthild spürte die Gegenwart Gottes in unsagbaren Schmerzen. Gleichwohl kostete sie die Qualen keineswegs aus, als sei das Leiden um seiner selbst willen Anlass zu einem sonderbaren Hochgefühl. Vielmehr erkannte sie in dem ihr zugefallenen Los eine besondere Möglichkeit, Gott nahe zu sein und sich an seiner liebenden Sorge zu laben. So führten die Schmerzen nicht zu einem besinnungslosen Jammer, sondern zu einer besonderen Gottesbeziehung. Er, der alles vermag, sagte ihr zu, sich in die „Gewalt“ ihrer Seele zu begeben und versprach ihr zu tun, was immer sie wollte.

Was kann ein Mensch, der die „Macht der göttlichen Liebe“ erfährt, sich wünschen? Die leidende Mechthild hätte sich Gesundheit erbitten können, eine eilige Genesung, so dass sie etwa mit ihren Mitschwestern die Gottesdienste der Karwoche und das Osterfest hätte begehen und mitfeiern können. Doch Mechthild forderte nichts, bekannte sich allein zur „Treue gegen den Herrn“ und stellte ihr eigenes, selbstbezügliches Wollen hintan. Nicht nach körperlicher Stärke und Gesundheit des

Leibes strebte sie, „sondern dieses Eine will ich von dir, dass ich nie uneins sei mit deinem Willen, sondern alles, was du willst und in mir wirkst, sei es Günstiges oder Widriges, das möge ich immer mit dir wollen". Wer nichts möchte als das, was der Herr will, lässt seinen Schmerz aufgehen in Gott, der sich Mechthild im Augenblick ihrer Leiden zuneigte und sich zu ihr bekannte. Von diesem Zeitpunkt an meinte sie, Mensch und Welt mit den Augen Gottes zu sehen. Sie wurde glaubend eins mit seinem Willen. Selbst aus ihrem bitteren Leiden leuchtete seine Liebe hervor, die alles tragen, ertragen und verehren lehrt – mit Worten, die Mechthild von Gott vernommen zu haben glaubte, gesagt: „Ich gebe dir mein Herz, dass du dadurch alles denkest und mich und um meiner willen alle Dinge liebest." Ihre mystische Erfahrung, eine unauflösliche Verbindung der Seele mit Gott, zeigte sich in einer sinnenhaften Annäherung an die Welt, in der sie Barmherzigkeit und göttliche Nähe fühlte, Gott zu dienen und mit ihm in diesem Dienst eins zu sein glaubte.

Johannes Tauler lebte von 1300 bis 1361 und zählt neben Meister Eckhart zu den berühmtesten deutschen Mystikern des 14. Jahrhunderts. Auch er war ein Dominikanermönch. Wie Meister Eckhart wollte er einen mystischen Weg zur „Einung", zum Einswerden mit und in Gott, aufzeigen.

Um die überformende, die Persönlichkeit auf den Grund ihrer selbst zurückführende Gnade zu erlangen, muss ein Mensch all dessen verlustig gehen, „worauf der Geist ruhen möchte". In der existenziellen Selbstversunkenheit verlieren sich Erkennen und Wissen, Wollen und Wirken, die Spaltung von Subjekt und Objekt und jegliches Empfinden. Der Mystiker verweist auf den Apostel Paulus: „Da Sankt Paulus nichts sah, da sah er Gott." Erst in der „stillen Einsamkeit" wird er der „unaussprechlichen Verborgenheit Gottes" gewahr.

Von der „äußerlichen Auswendigkeit“ kehrt sich der nach der „Einung“ mit Gott suchende Mensch in die „innerliche Inwendigkeit“, in den „freien einsamen Grund“ seiner selbst. Dieser Zustand bleibt vernünftelnden Scholastikern und versponnenen Gelehrten, die mehr Zutrauen zu sich selbst als zu Gott besitzen, unerreichbar: „Sodann mag der Mensch die Eigenschaft der göttlichen Einöde in der stillen Einsamkeit ansehen, in der nie ein Wort dem Wesen nach und nach wesentlicher Weise gesprochen, noch ein Werk gewirkt ward; so ist es da, so heimlich und so einsam. Da ist nichts als lauter Gott. Da hinein kam nie etwas Fremdes, keine Kreatur, Bild oder Weise.“ In der „Einöde“ verbindet sich das inwendig Tiefste der Person, die lauter gesinnte Seele also, mit dem Tiefsten außer aller Individualität. So taucht der Mensch, mit dem „Licht der Gnade“ überformt, geistig in das Nichts ein, in die wesenhafte Ungeschaffenheit des eigenen Selbst, nunmehr aller Äußerlichkeiten ledig, auch der Satzungen, Vigilien und Psalter, die dazu führen, „dass wir nie in uns selbst kommen können“. Jetzt aber vernimmt der Mensch, zugleich sich selbst preisgebend und -findend, das „Einflüstern Gottes“. Fortan folgt er allein dieser „lieblichen Stimme“, die er im Getriebe des Alltags, aber auch in filigranen theologischen Disputen, etwa über die „heilige Dreifaltigkeit“, stets überhört hat. Die mystische „Einung“ mit Gott liegt für Johannes Tauler jenseits aller Vernunft.

Der „gottförmige Mensch“, innerlich verwandelt, vom Licht der Wahrheit erfüllt, besitzt eine „Seele voll Gott“ und einen „Leib voll Leiden“, erspürt fortan das „schauende Eindringen Gottes“ in sich und beginnt kundzutun, was er erfahren hat und wovon er nicht schweigen kann. Den Mystiker trägt die allumgreifende göttliche Liebe, die höher steht als alle Erkenntnis: „Denn die Liebe geht dort hinein, wo die Erkenntnis draußen bleiben muss. Die Liebe bedarf keiner großen, subtilen Erkenntnis, sondern nur eines lauteren Innewerdens.“ Wer Gott mit liebendem Herzen sucht, so glaubte Johannes Tauler, wird ihn in sich empfangen. Er begegnet Gott in der tiefsten „Einöde" seiner Seele – und wird durch ihn, mit ihm und in ihm erfüllt leben.

Manchmal erinnert die Welt an ein „Land der Trostlosigkeit", so als hätte sich Gott von den Menschen zurückgezogen. Schier unentwegt äußern Gelehrte kluge Worte zur Theologie, führen eifrig-engagiert Disputationen, legen schulmäßig dar, was die Sakramente bedeuten, zitieren beredt aus der Bibel und den Lehren der Kirchenväter. Wissen sie in ihrer egoistischen Selbstbezüglichkeit und „Blindheit des Herzens" noch, wer Gott ist?

Eine der späten Gestalten der Mystik war Thomas von Kempen, der 1379 als Thomas Hemerken geboren wurde und 1471 hochbetagt starb. Er empfiehlt die unumschränkte „Liebe zu Jesus", ein gottgefälliges „Leben voll Tugend", das „lebendige Gefühl der Reue" und „Buße im Herzen", aufrichtige Frömmigkeit und echte Demut: „Was nützt es dir, über die Dreieinigkeit hochgelehrt streiten zu können, wenn du die Demut nicht hast, ohne die du der Dreieinigkeit missfällst?"

Thomas besuchte die Lateinschule in Kempen, studierte dann in Deventer und trat 1399 in das Augustinerchorherrenkloster von Zwolle ein, in welchem sein Bruder lange Zeit als Prior wirkte. 1406 wurde Thomas von Kempen in die Ordensgemeinschaft aufgenommen, 1414 empfing er die Priesterweihe. Rund 70 Jahre verbrachte er im Augustinerkloster St. Agnes und übte in dieser Zeit unterschiedliche Ämter aus. Zeitweilig war er Prior, später auch Novizenmeister. Die mystische Spiritualität erfüllte ihn, die Aufgaben im Kloster erwiesen sich eher als Belastung. Thomas verfasste selbstständige Abhandlungen, darunter sein berühmtes Werk „Von der Nachfolge Christi", aber er schrieb auch die Werke anderer ab, wie dies der Dienstpflicht des „Scriptors" zukam. Allein viermal vervielfältigte er handschriftlich die Bibel.

Thomas von Kempen suchte den Weg zu Gott zu bahnen, die Überwindung aller Bindungen an die Sphäre des Sichtbaren und die Erhebung zum Unsichtbaren. Als Ausgangspunkt wählt er das Johannes-Evangelium: „Es kommt doch alles von einem Worte her, und alle Dinge zeugen im Grunde nur von einem Worte, und dies eine Wort ist dasselbe Wort, das im Anfange war und jetzt auch zu uns redet ... Wer das Eine in allem findet, wer alles auf das Eine zurückführt, wer in Einem alles sieht, der kann ruhigen, festen Sinn behalten und wird den Frieden in Gott nie verlieren." Auf diesem mystischen Weg gelangt der Mensch zu einer immer tieferen Einigkeit mit sich selbst. Mit sich selbst einig zu werden, heißt für Thomas, sich von den Lasten zu lösen, leicht und frei, auch einfach und damit empfänglich für Gott zu werden. Abstand zu gewinnen von den eigenen Leidenschaften, empfiehlt er nachdrücklich: „Wären wir uns selbst ganz abgestorben, wäre unser Innerstes nicht im Geringsten in das geheime Spiel der Neigungen verflochten und darin verfangen: O, dann könnten auch wir göttlicher Dinge inne werden und von der himmlischen Beschauung der Wahrheit hier schon einen Vorgeschmack bekommen!"

Nur wer reinen Herzens ist, vermag eins zu werden mit dem beseligenden „Geist Christi" und das „verborgene Himmelsbrot" zu kosten. Der demütig Glaubende bereitet dem Herrn den Weg, so dass er einkehren kann in ihm. Thomas von Kempen rät: „Wer sich an Jesus hält, steht ewig fest. Den musst du lieben, den als deinen Freund behalten, der dich auch dann nicht verlässt, wenn dich alles verlässt, und der es nicht zulässt, dass du am Ende verdirbst." Wer Jesus sucht, wird ihn finden, überall seine Gegenwart spüren, erahnen, erleben. Doch wer sich selbst verwirklichen will, entdeckt nur immer wieder sich selbst. Er dünkt sich erhaben über alles Irdische und bleibt an das Vergängliche so gebunden, dass ihn bald Angst und Verzweiflung heimsuchen. So meint er sich selbst zu dienen und schadet sich doch nur: „Wer ohne Jesus lebt, der ist von allen Armen der Ärmste. Wer mit Jesus wohl daran ist, der ist von allen Reichen der Reichste."

Allein wer sich über das Verlangen nach zeitlichen Gütern erhebt, erwirbt Schätze im Himmel und findet Ruhe in Gott. Durch die „vollkommene Verleugnung" der Begierden – zu diesen zählt Thomas von Kempen Machtgier ebenso wie ungezügelte Sinnenlust – und durch die unbedingte Treue zum Liebesgebot Jesu begibt sich der Mensch als „Diener des Kreuzes" auf den Weg in das Reich Gottes. Er bekennt sich zu Christus, der die einzige „Wahrheit" ist, welche den Menschen innerlich verwandelt und frei macht. Im Lichte der „Wahrheit" Jesu Christi gelingt es, das existenziell Bedeutsame von dem zu scheiden, was nur von zeitlichem Wert und letzthin nichtig ist. Und es gelingt, schon in dieser Welt rechtschaffen glaubend, hoffend und liebend im seligmachenden Frieden Gottes zu leben.

Thomas von Kempens Kritik entzündete sich an der scholastischen Philosophie, wie sie an den Universitäten noch immer gelehrt wurde. Er tadelte, dass die Gelehrten nicht müde darin wurden, „ihresgleichen ein neues Rätsel aufgeben zu können" und immer wieder neue Spitzfindigkeiten erdachten, aber sich zu wenig bemühten, „Laster auszurotten" und „Tugenden zu pflanzen". Geschähe dies, gäbe es weder „so viel Unrecht auf Erden" noch „so viel Zuchtlosigkeit in den Klöstern". Wer indessen aufrichtigen Herzens glaubt, so war Thomas von Kempen überzeugt, vernimmt in sich selbst ganz leise Gottes Ruf: „Sieh, da bin ich! Ich komme zu dir, weil du mich gerufen hast. Die Tränen deines Auges und das Sehnen deines Herzens, die Demut und die Zerschlagenheit deines Geistes neigten mein Herz und führten mich zu dir herab."

Nikolaus von Kues

Mit Nikolaus von Kues endet die mittelalterliche Philosophie. Sein Werk macht uns schon vertraut mit den Anfängen einer neuen Zeit, der Renaissance. Er wurde 1401 in der kleinen Stadt Kues an der Mosel geboren. Nikolaus besuchte die Universität in Heidelberg und wechselte sodann nach Padua. Erst studierte er Philosophie, später widmete er sich in Italien vor allem dem Kirchenrecht. Die Promotion in Jura erfolgte bald darauf. Nikolaus arbeitete als Sekretär der römischen Kurie, wechselte aber 1425 nach Köln, um dort Rechtswissenschaft zu unterrichten und Theologie zu studieren. Der Trierer Erzbischof wurde aufmerksam auf den begabten jungen Dozenten und nahm ihn in den Dienst. Von 1437 an arbeitete er für Papst Eugen IV. Dieser weihte ihn 1440 zum Priester, die Erhebung in den Kardinalsrang erfolgte 1448. Bis zu seinem Tod am 11. August 1464 war er, betraut mit verantwortungsvollen Aufgaben, unter anderem auch als Generalvikar des Papstes, für die Kurie tätig.

Nikolaus von Kues widmete sich ganz verschiedenen Wissenschaftsbereichen. Er beschäftigte sich mit Mathematik und mit den Naturwissenschaften. Über diese glaubte er, wertvolle Hinweise für das theologische Erkenntnisstreben gewinnen zu können. Auch verfasste er Arbeiten zur Situation des Christentums in seiner Zeit. Besonders wertvoll sind für uns freilich die philosophischen Hauptschriften, hier besonders „De docta ignorantia", das heißt „Die belehrte Unwissenheit", die im Jahr 1440 abgeschlossen wurde und wegweisend für die negative Theologie ist, für die Lehre von der Verborgenheit Gottes. Der Schwere der erörterten Gedanken vollauf bewusst, schreibt Nikolaus: „Wer aber den Sinn erfassen will, der muss, statt auf den Literalsinn zu achten, seinen Geist über die Wortbedeutung erheben. Denn die Worte lassen sich nur schwer solchen geistigen Geheimnissen anpassen." Weiterhin sehen wir auch ihn noch in die Tradition des mystischen Denkens eingebunden, denn er versteht seine Schilderungen, besonders auch seine mathematischen Ausführungen, die er vielfach einsetzt, nur als Hilfsmittel für einen Aufschwung der Seele: „Auch die Beispiele wollen nur als Anleitungen verstanden sein, deren richtige Anwendung im Übersteigen liegt, das die Anschaulichkeit hinter sich lässt und den Leser freimacht zum Aufstieg zur einfachen geistigen Schau."

Die „belehrte Unwissenheit" oder das „wissende Nichtwissen" bezieht sich auf die Erkenntnis Gottes. Nikolaus von Kues versucht, den Begriff der Unendlichkeit hierfür zu nutzen; auch wenn menschliches Streben nach Wissen an Grenzen gebunden bleibt, ist das Bewusstsein dieser doch unabweisbar. Die „Disproportionalität des Unendlichen", so Nikolaus, gegenüber dem Endlichen sei evident. Entsprechend könne man zwar das „schlechthin Größte" nicht erreichen. Das „Überschreitende" wie das „Überschrittene" sind „endliche Größen". Das „schlechthin Größte" müsse unendlich sein. Ein endliches Geschöpf vermag den unendlichen Schöpfer mit dem Verstand nicht zu fassen: „Die Vernunft verlangt danach zu wissen. Es ist ihr nicht bloß das natürliche Verlangen angeboren, das Wesen ihres Gottes zu erkennen, sondern vielmehr ihren Gott so groß zu wissen, dass seiner Größe kein Ende ist, und er also größer ist als jeder Begriff und alles Wissbare. Denn die Vernunft würde mit sich selbst nicht zufrieden sein, wenn sie nur das Abbild eines so geringen und unvollkommenen Schöpfers wäre, der größer und vollkommener sein könnte. Wegen seiner unendlichen und unbegreiflichen Vollkommenheit ist er durchaus größer als alles Wissbare und Begreifbare. Jedes Geschöpf sagt, dass dieser sein Gott und es selbst sein Abbild ist, keinesfalls sei es das Abbild eines Geringeren." Gott selbst bleibt verborgen und dem Zugriff menschlicher Erkenntnis entzogen, gleichwohl richtet sich die „natürliche Sehnsucht“ nach Wissen auf die „vollkommenste Daseinsweise“.

Das Streben nach Wissen kommt von Gott durch die „Wirksamkeit seines Gnadenlichtes“ und ist auch wieder auf Gott hin ausgerichtet, der stets der ganz Andere bleibt. Gott kann nur erfasst werden, wenn er sich offenbart, aber „er will auch gesucht werden und will auch den Suchenden das Licht darbieten, ohne dass sie ihn nicht zu suchen vermögen“. Obgleich er sich bereit zeigt, sich zu öffnen, den „Suchenden“ sich zu offenbaren, verweigert er sich doch dem erkennenden Zugriff, verlangt aber, gesucht zu werden „mit der Sehnsucht, die auch erreichen will“. Das Individuum strebt nach Erkenntnis, kann aber das objektive Wissen – auch über die Gegenstände in der Welt – nicht erreichen. Nikolaus von Kues lässt die Spannung zwischen Subjekt und Objekt bestehen und schreibt: „Weil der kreatürliche Geist von endlicher Wirksamkeit in jedem Anderen anders ist, so ist es gewiss, dass die Mutmaßungen mehrerer über dasselbe unerfassbar Wahre graduell und in verschiedenen Weisen unterschieden sind … Vielleicht erfasst der eine besser als der andere, keiner aber unfehlbar den Sinn des Einzelnen.“ Das Wesen der jeweiligen Gegenstände, „von allen Philosophen gesucht, aber von keinem wirklich gefunden“, kann nicht erfasst werden, die „Wahrheit der seienden Dinge“ bleibt verborgen.

In Hinsicht auf das Streben nach der Erkenntnis Gottes heißt dies, dass die Denkbewegung auf das „Größte“ ausgerichtet ist, aber nicht in ein verlässliches Wissen des Absoluten mündet, denn die „belehrte Unwissenheit“ zeigt sich dort, wo die „genaue Wahrheit im Dunkel unserer Unwissenheit in der Weise des Nichterfassens aufleuchtet“. Zwischen dem Endlichen und dem Unendlichen besteht ein radikaler Abgrund, aber ein „wissendes Nichtwissen“, eine „belehrte Unwissenheit“ ist möglich. Nikolaus von Kues schreibt: „Da unser Verlangen nach Wissen nicht sinnlos ist, so wünschen wir uns unter den angegebenen Umständen ein Wissen um unser Nichtwissen. Gelingt uns die vollständige Erfüllung dieser Absicht, so haben wir die belehrte Unwissenheit erreicht. Auch der Lernbegierigste wird in der Wissenschaft nichts Vollkommeneres erreichen als im Nichtwissen, das ihm seinsgemäß ist, für belehrt befunden zu werden. Es wird einer umso gelehrter sein, je mehr er um sein Nichtwissen weiß."

Die negative Theologie des Nikolaus von Kues zeigt, dass die menschliche Vernunft reflektierend an den Punkt gelangt, an welchem jenseits der Gegensätze des Gegenständlichen und der erfahrbaren Wirklichkeit, die in sich zusammenfallen, der Absolute und Größte, der Unendliche und Notwendige in Verborgenheit verharrt, aus dem alles hervorgeht und in den alles zurückkehrt: „Aus diesen Überlegungen leuchtet nun eine gewaltige Erkenntnis auf, die sich aus ihnen für das Größte gewinnen lässt. Es erweist sich nämlich als so geartet, dass in ihm das Kleinste das Größte ist, so dass es im unendlichen Abstand völlig über allen Gegensätzen steht. Aus dieser Grundwahrheit ließen sich über das Größte so viele negative Erkenntnisse ableiten, wie man nur immer schreiben oder lesen mag; ja die gesamte Theologie, soweit sie für uns fassbar ist, lässt sich aus dieser Grundwahrheit ableiten." Die „heilige Unwissenheit" lehrt die „Unaussprechlichkeit Gottes", der in „unendlicher Erhabenheit" alles überragt, was benennbar ist.

Nikolaus von Kues schreibt: „Man kann immer vieles auf verschiedene Art sagen, und doch bleibt es letzten Endes ganz unzureichend. Das beweisen diese Ausführungen und meine Schriften. Nach vielem und gründlichem Nachdenken und eifrigem Studium der Literatur der Alten fand ich, dass die letzte und höchste Betrachtung über Gott unbegrenzt ist, ohne Ende und jeden Begriff übersteigt. Jedes andere Ding, dessen Begriff wirklich Begriff genannt werden kann, wird durch diesen Begriff ganz erfasst, Gott aber übersteigt dies alles. Denn der Begriff von Gott ist der Begriff oder das ‚Wort' schlechthin, das alles Begriffliche in sich schließt, und dieser Begriff ist nicht in einem anderen begreifbar. Alles ist im Andern anders, nichts wird durch die Vernunft wirklich begriffen, wie es begriffen werden könnte; denn durch eine höhere Einsicht könnte es besser begriffen werden. Allein der Begriff an sich oder der unbeschränkte Begriff ist in Wirklichkeit ein allumfassender Begriff. Unser Begriff dagegen ist weder durch sich noch unbedingt, sondern der Begriff irgendeines Gegenstandes und kann daher durch sich den Begriff ‚Gott' nicht erfassen. Da er unbeschränkt ist, gehört er ja dem einen nicht eher an als dem andern. Wir nennen diesen unbegrenzbaren und unbestimmbaren und unfassbaren Begriff Gottes wegen seiner Unendlichkeit notgedrungen auch den unaussprechlichen. Denn der Logos kann von uns durch keinen Namen und keine Bezeichnung begrenzt oder umschrieben werden, weil er nicht begriffen werden kann. So nennen wir ihn auch nicht das Eine oder das Dreifache oder mit einem anderen Namen, weil das Ganze den Begriff des Einen, des Dreifachen und alles übrigen Benennbaren übersteigt. Wir hüten uns, irgendeinen Namen für etwas Begriffliches auf ihn anzuwenden, weil er alle Namen überragt."

Die ganze mittelalterliche Philosophie bewegt sich gleichsam in konzentrischen Kreisen um Gott, erfüllt von der Sehnsucht, ihn zu erkennen und sichtbar werden zu lassen. Nikolaus von Kues verweist am Ende dieser Epoche, in welcher Glaube und Vernunft auf ganz unterschiedliche Weise miteinander in Einklang gebracht werden sollten, auf die Grenzen menschlicher Erkenntnis. Was ist „Gott"? Existiert eine solche Macht und Kraft? Zum Agnostizismus oder gar Atheismus freilich konnte und wollte sich kein Philosoph dieser Zeit bekennen. Nikolaus von Kues, der gelehrte Kardinal am päpstlichen Hof, spürte sehr deutlich, dass wir das Wesen des Schöpfers, dessen „ewige Macht“ er ebenso wenig bestreitet wie dessen „unsichtbare Göttlichkeit“, nicht erkennend fassen können. Entsprechend heißt es: „Er muss alles sein, was sein kann, so dass er die formale oder urbildliche Ursache im wahrsten Sinne ist. Er muss den Begriff und Vernunftgrund aller denkbaren Formen in sich vereinen. Er muss über jedem Gegensatz stehen. In ihm kann es keine Andersheit geben, weil er vor dem Nichtsein ist. Wenn er nach dem Nichtsein wäre, wäre er nicht Schöpfer, sondern Geschöpf, aus dem Nichtsein hervorgebracht. Daher ist in ihm das Nichtsein alles, was sein kann. Er erschafft nicht aus Fremdem, sondern aus sich, weil er alles ist, was sein kann.“

Mit „allerheißestem Verlangen“ sucht der Mensch nach Gott, der „über Sein und Nichtsein erhaben ist“ und „über allem Einfachen und Zusammengesetzten ist, über allem Einzelnen und Mehrfachen, über aller Bestimmung und Unendlichkeit, gänzlich, überall und nirgends, allförmig und zugleich gestaltlos und völlig unausdrückbar, alles in allem, in keinem Ding nichts, alles und nichts in sich selbst, unversehrt, ungeteilt, auch im Kleinsten und zugleich in nichts von allem“ ist. Nur seine Spuren lassen sich entdecken. Jedes Geschöpf verweist auf ihn. Gott kann nicht erkannt werden. Die „sinnliche Erkenntnis“ nennt Nikolaus von Kues Einbildung, man könne auch leicht „geistigen Trugbildern“ folgen und sich im „Ziellosen“ verlieren. Einzig der „von allen Trugbildern befreite Geist“ vermag sich emporzuschwingen „in ein Gebiet, wo nichts von allem Seienden zu finden ist“. Gott übersteigt alle Vernunft. Die menschliche Erkenntnis bleibt begrenzt. Letzthin muss sich ein jeder Mensch Christus anvertrauen.

Den Weg Christi gehen heißt, zu Gott zu gelangen. Nikolaus von Kues schreibt sodann: „Gott wird im Nichtwissen erkannt, d. h. im Unbegreiflichen, im Schatten, in der Finsternis und im Unbekannten. Man sieht ihn dort im Nebel – weiß nicht, welches Wesen, welches Ding und wie es geartet ist – als Etwas, in dem die Gegensätze zusammenfallen, die Bewegung und die Ruhe, so dass sie nicht getrennte Begriffe, sondern über aller Zweiheit und Andersheit sind. Diese Schau geschieht im Dunkel, wo Gott selbst sich verhüllt und verbirgt vor den Augen aller Weisen. Und wenn er nicht mit seinem Lichte die Finsternis zerstreut und sich offenbart, bleibt er allen, die ihn auf dem Wege des Verstandes und der Vernunft finden wollen, für immer unerkannt. Aber er lässt nicht im Stiche, die ihn mit starkem Glauben, mit innigstem Vertrauen und dem allerheißesten Verlangen suchen. Und dies ist der Zugang, den uns der alleinige Meister Christus gelehrt hat, der Sohn Gottes, der lebendige Weg, der einzige Offenbarer seines Vaters, unseres allmächtigen Schöpfers."

Vielleicht finden wir im weiten Feld der mittelalterlichen Philosophie nur selten Antworten auf die Fragen, die uns heute bewegen. Neben einer in sich sinnvollen Beschäftigung mit der abendländischen Geistesgeschichte, die nicht nur die christlichen Wurzeln Europas und die innere Verwobenheit dieser mit der antiken, jüdischen und arabischen Philosophie zeigt, lehrt uns auch ein Denker wie Nikolaus von Kues, dass wir an Grenzen gebunden und zur Toleranz zwischen den Religionen verpflichtet sind. Bezeichnend aktuell erscheinen seine Worte hierzu: „Denn eine genaue Gleichmäßigkeit in allem zu erstreben hieße, eher den Frieden zu stören. Wo sich eine Gleichförmigkeit in der Durchführung nicht finden lässt, mögen die Nationen, sofern nur der Glaube und der Friede gewahrt bleiben, bei ihren Frömmigkeitsübungen und Zeremonien verharren."

Es ist offenbar immer wieder nötig, sich diese Einsichten bewusst zu machen und neu zu vergegenwärtigen. In gleicher Weise erweist es sich als gut und notwendig, nach Wissen zu streben. Doch die Anmaßung eines absoluten Wissens stellt sich als ein gefährlicher Irrweg heraus – auch, weil wir von

Gottes Sein und Wesen nichts Verlässliches aussagen können. Die menschliche Vernunft muss sich immer wieder ihre Ohnmacht eingestehen, das Absolute fassen zu können – und sie muss sich über sich selbst aufklären, über ihre Möglichkeiten, aber auch über ihre Grenzen. Dies vollzieht jeder Mensch für sich selbst.

Die besondere Aufgabe und Stellung des Individuums im Kosmos wird in der Zeit, die mit Nikolaus von Kues schon anhebt, neu entdeckt und erkannt. Das Zeitalter der Renaissance beginnt – und die Philosophie befreit sich allmählich von den Fesseln der Theologie, von klerikaler Bevormundung und Unterdrückung. Bildlich gesprochen: Die Philosophie, als „Magd" lange Zeit dienstbar gemacht, beginnt, sich von der Theologie zu emanzipieren.

Literaturverzeichnis

Die von mir verwendeten Zitate sind um der besseren Lesbarkeit willen in der Regel der derzeit gültigen neuen deutschen Rechtschreibung angepasst.

Alle Leserinnen und Leser, die sich eingehend mit der Philosophie des Mittelalters beschäftigen möchten, seien zum Selbststudium der klassischen Texte jener Zeit ermuntert. Hierzu sind Lateinkenntnisse außerordentlich hilfreich. Allerdings sind auch zahlreiche Werke der mittelalterlichen Philosophen in guten Übersetzungen erhältlich, die Sprachkenntnisse sind für ein adäquates Verständnis gleichwohl sehr wichtig. Besonders empfehle ich einführende Darstellungen. Um zu einem adäquaten Verständnis der Philosophie dieser Zeit zu gelangen, ist es ratsam, sich zunächst mit den bekanntesten Denkern zu beschäftigen. Insbesondere zur Philosophie von Augustinus, Albert dem Großen und Thomas von Aquin finden sich zahlreiche gut lesbare Einführungen. Wer bereits über grundlegende Kenntnisse der mittelalterlichen Philosophie verfügt und an vertiefenden Studien interessiert ist, sei nachdrücklich auf die von Günther Mensching herausgegebene Buchreihe „Contradictio" hingewiesen, in der Forscher der Gegenwart aus den Bereichen Philosophie, Geschichte und Theologie neue Erkenntnisse zu Problemen und Themen aus dem Umfeld der mittelalterlichen Philosophie anschaulich vermitteln.

Aus dem reichhaltigen Schrifttum zu dieser Epoche der Philosophiegeschichte habe ich eine Liste einiger Werke, die ich bei der Abfassung dieser Darstellung zu Rate gezogen habe, zusammengestellt. Diese Angaben mögen all jenen Leserinnen und Lesern dienlich sein, die sich mit der mittelalterlichen Philosophie vertieft beschäftigen möchten.

I. Primärliteratur

ABAELARD, PETRUS: Philosophische Schriften. Hrsg. v. B. Geyer. Münster 1919–1933.

– Die Leidensgeschichte und der Briefwechsel mit Heloisa (Historia calamitatum). Übers. u. hrsg. v. E. Brost. Heidelberg 1979.

– Gespräch eines Philosophen, eines Juden und eines Christen. Lateinisch und deutsch. Hrsg. u. übers. v. H.-W. Krautz. Frankfurt/Main 1995.

ALBERTUS MAGNUS (ALBERT DER GROSSE): Opera Omnia (Editio Coloniensis). Krit. Ed. B. Geyer u.a., seit 1978 von W. Kübel u.a. Münster 1951 ff.

– Ausgewählte Texte. Lateinisch und deutsch. Hrsg. u. übers. v. A. Fries. Kurzbiographie v. W. P. Eckert. Darmstadt 1981.

AL-GHAZALI: Der Erretter aus dem Irrtum. Aus dem Arab. übers. mit Einl., Anm. u. Indic. hrsg. v. Abd-Elsamad Abd-Elhamid Elschazli. Hamburg 1988.

ANSELM VON CANTERBURY: Cur deus homo. Warum Gott Mensch geworden ist. Lateinisch und deutsch. Hrsg. u. übers. v. F. S. Schmitt. München u. Stuttgart 1956.

– Monologion. Lateinisch und deutsch. Hrsg. u. übers. v. F. S. Schmitt. München u. Stuttgart 1964.

– Proslogion. Lateinisch und deutsch. Hrsg. u. übers. v. F. S. Schmitt. Darmstadt 1984.

– De veritate. Über die Wahrheit. Lateinisch und deutsch. Hrsg. v. übers. v. F.S. Schmitt. München u. Stuttgart 1966.

AUGUSTINUS: Werke in deutscher Sprache (Deutsche Augustinus-Ausgabe), übers. v. C. Perl u.a. Paderborn 1940 ff.

- De beata vita. Lateinisch und deutsch. Übers., Anm. u. Nachw. v. I. Schwarz-Kirchenbauer u. W. Schwarz. Stuttgart 1982.
- Confessiones. Lateinisch und deutsch. Einl., übers. u. erl. v. J. Bernhart. München 1955.
- Contra Academicos. Einl. u. Komm. von Th. Fuhrer. Berlin 1994.

Averroes: Philosophie und Theologie von Averroes. Aus dem Arab. übers. v. M. J. Müller. Hrsg. v. d. Königlich-Bayerischen Akademie der Wissenschaften. München 1875. Neudruck: Osnabrück 1984. Mit einem Nachwort v. M. Vollmer. Weinheim 1991.

Avicenna: Werke. Krit. Ed. J. Madkur. Kairo 1952 ff.

Bacon, Roger: Opus majus. ed. H. Bridges. 2 Bde. Oxford 1897–1900. Nachdruck: Frankfurt/Main 1964-

Boethius: Trost der Philosophie (De consolatione philosophiae). Lateinisch und deutsch. Hrsg. u. übers. v. E. Gegenschatz u. O. Gigon. Einl. u. Erl. v. O. Gigon. München/Zürich 1991.
- Die Theologischen Traktate. Lateinisch und deutsch. Übers., Einl. u. Anm. v. M. Elsässer. Hamburg 1988.

Bonaventura: Pilgerbuch der Seele zu Gott (Itinerarium mentis in Deum) – Die Zurückführung der Künste auf die Theologie (De reductione artium ad theologiam). Einl. u. Erl. v. J. Kaup. München 1961.
- Das Sechstagewerk (Collationes in Hexameron). Lateinisch und deutsch. Übers. u. Einl. W. Nyssen. München 1964.
- Über den Grund der Gewissheit. Ausgewählte Texte. Übers. u. Einl. v. M. Schlosser. Weinheim 1991.

Dionysius Areopagita: Des heiligen Dionysius Areopagita angebliche Schriften über die beiden Hierarchien (De caelesti hierarchia. De ecclesiastica hierarchia). Übers. v. J. Stiglmayr. Kempten/München 1911.

– Die Namen Gottes. Einl., übers. u. Anm. v. B. R. Suchla. Hrsg. v. P. Wirth u. W. Gessel. Stuttgart 1988.

Duns Scotus, Johannes: Abhandlungen über das erste Prinzip (De primo principio). Hrsg., übers., Einl. u. Komm. v. W. Kluxen. Darmstadt 1974.

(Meister) Eckhart: Die deutschen Werke. Die lateinischen Werke. Krit. Ed. J. Quint. Stuttgart 1936 ff.

– Deutsche Predigten und Traktate. Hrsg. u. übers. v. J. Quint. Zürich 1990.

– Das Buch der göttlichen Tröstung. Übers. v. J. Quint. Frankfurt/Main 1987.

(Moses) Maimonides: Führer der Unschlüssigen. Übers. v. A. Weiß. Bd. I–III. Leipzig 1923 f. Neudruck: 2 Bde., Einl. u. Bibl. v. J. Maier. Hamburg 1972.

– Ein Querschnitt durch das Werk des Rabbi Mosche Ben Maimon (Ausw.). Übers. v. Nahum N. Glatzer. Köln 1966.

Nikolaus von Kues: Die philosophisch-theologischen Schriften. Hrsg. v. L. Gabriel. Lateinisch und deutsch. Bd. I–III. Wien 1964 ff.

(Wilhelm von) Ockham: Texte zur Erkenntnis und der Wissenschaft. Lateinisch und deutsch. Hrsg., übers. u. komm. v. R. Imbach. Stuttgart 1984.

– Summe der Logik (Summa logicae, Ausz.). Aus Teil I: Über die Termini. Lateinisch und deutsch. Hrsg., übers., Einf. u. Anm. v. Peter Kunze. Hamburg 1984.

– Texte zu Theologie und Ethik. Lateinisch und deutsch. Ausgew., übers. u. hrsg. v. Volker Leppin u. Sigrid Müller. Stuttgart 2000.

Thomas von Aquin: Über Seiendes und Wesenheit. De ente et essentia. Lateinisch und deutsch. Mit Einl., Übers. u. Komm. hrsg. v. H. Seidl. Hamburg 1988.

– Von der Wahrheit. De veritate q. 1. Lateinisch und deutsch. Hrsg., übers. u. Einl. v. A. Zimmermann. Hamburg 1985.

– Summa theologica (Die deutsche Thomas-Ausgabe). Lateinisch und deutsch. Mit umfass. Komm., übers. v. Dominikanern und Benediktinern Deutschlands und Österreichs. Hrsg. von der Albertus-Magnus-Akademie Walberberg bei Köln. Salzburg/Heidelberg 1933 ff.
– Summe gegen die Heiden (Summa contra gentiles). Hrsg. u. übers. v. K. Albert, P. Engelhardt u. L. Dümpelmann. Darmstadt 1974 ff.
– Das Geheimnis der Person (S. Th. I 29, 1–3). Übers. u. erl. v. A. Hufnagel. Stuttgart 1949.
– Fünf Fragen über intellektuelle Erkenntnis. S. Th. I 84–88. Übers. u. erl. v. E. Rolfes. Hamburg 1977.
– Compendium theologiae. Grundriss der Glaubenslehre. Lateinisch und deutsch. Hrsg. v. R. Tannhof. Heidelberg 1963.

II. Sekundärliteratur

Aertsen, Jan A.: Medieval Philosophy and the Transcendentals. The Case of Thomas Aquinas. Leiden 1996.

Beierwaltes, Werner: Denken des Einen. Studien zur neuplatonischen Philosophie und ihrer Wirkungsgeschichte. Frankfurt/Main 1985.

Cramer-Ruegenberg, Ingrid: Albertus Magnus. Völlig überarb., aktualisierte u. mit Anm. vers. Neuauflage der Originalausgabe. Hrsg. v. Henryk Anzulewicz. Leipzig 2005.

Dreyer, Mechthild / Mary Beth Ingham: Johannes Duns Scotus zur Einführung. Hamburg 2003.

Ernst, Stephan: Ethische Vernunft und christlicher Glaube. Der Prozess ihrer wechselseitigen Freisetzung in der Zeit von Anselm von Canterbury bis Wilhelm von Auxerre. Münster 1996.

FLASCH, KURT: Das philosophische Denken im Mittelalter. Von Augustin zu Machiavelli. Stuttgart 1986.
- Einführung in die Philosophie des Mittelalters. Darmstadt 1985.
- Augustin. Einführung in sein Denken. Stuttgart 1980.
- Nikolaus von Kues. Geschichte einer Entwicklung. Vorlesungen zur Einführung in seine Philosophie. Frankfurt/-Main 1998.
- Was ist Zeit? Augustinus von Hippo. Das XI. Buch der Confessiones. Frankfurt/Main 2003.

GILSON, ETIENNE: Johannes Duns Scotus. Einführung in die Grundgedanken seiner Lehre. Düsseldorf 1959.
- Die Philosophie des hl. Bonaventura. Köln 1960.
- Christliche Philosophie von ihren Anfängen bis Nikolaus von Cues. Paderborn 1954.
- Der Geist der mittelalterlichen Philosophie. Wien 1950.

GOEBEL, BERND: Rectitudo. Wahrheit und Freiheit bei Anselm von Canterbury. Münster 2001.

GRABMANN, MARTIN: Thomas von Aquin. Persönlichkeit und Gedankenwelt. München 1946.
- Mittelalterliches Geistesleben. 3 Bde. München 1926–56.

GUTTMANN, J.: Die Philosophie des Judentums. Wiesbaden 1985.

HEINZMANN, RICHARD: Philosophie des Mittelalters. 2., durchges. u. erg. Aufl. Stuttgart u.a. 1998.
- Thomas von Aquin. Eine Einführung in sein Denken. Mit ausgewählten lateinisch-deutschen Texten. Stuttgart 1994.

HÖFFE, OTFRIED (HRSG.): Klassiker der Philosophie. Bd. I: Von den Vorsokratikern bis David Hume. München 1981.

HORN, CHRISTOPH: Augustinus. München 1995.

KOBUSCH, THEO: Die Entdeckung der Person. Metaphysik der Freiheit und modernes Menschenbild. Darmstadt 2. Aufl. 1997.

– Begriff und Sache. Die Funktion des menschlichen Intellekts in der mittelalterlichen Philosophie. In: Internationale Zeitschrift für Philosophie 2 (2004), 140–157.
– Ens inquantum ens und ens rationis. Ein aristotelisches Problem in der Philosophie des Duns Scotus und Wilhelm Ockham. In: J. Marenhon (Hrsg.): Aristotle in Britain during the Middle Ages. Turnhout 1996, 157–175.

Koslowski, Peter (Hrsg.): Gnosis und Mystik in der Geschichte der Philosophie. Zürich/München 1988.

Krieger, Gerhard: Subjekt und Metaphysik. Die Metaphysik des Johannes Buridan. Münster 2003.

Lutz-Bachmann, Matthias: Beiträge zum Problem der Metaphysik bei Aristoteles und Thomas von Aquin. Frankfurt/Main 1988.

Mandrella, Isabelle: Das Isaak-Opfer. Historisch-systematische Untersuchung zu Rationalität und Wandelbarkeit des Naturrechts in der mittelalterlichen Lehre vom natürlichen Gesetz. Münster 2002.

McGinn, B.: Die Mysik im Abendland. Bd. 1 u. 2. Freiburg 1994–1996.

Mensching, Günther: Das Allgemeine und das Besondere. Der Ursprung des modernen Denkens im Mittelalter. Stuttgart 1992.
– Der Primat des Willens über den Intellekt: Zur Genese des modernen Subjekts im späten Mittelalter. In: R. L. Fetz / R. Hagenbüchle / P. Schulz (Hrsg.): Geschichte und Vorgeschichte der modernen Subjektivität. 2 Bde. Berlin/New York 1998, 487–507.
– Gewalt und ihre Legitimation im Mittelalter. Hrsg. v. G. Mensching. Würzburg 2003.
– Selbstbewusstsein und Person im Mittelalter. Hrsg. v. G. Mensching. Würzburg 2005.

MIETHKE, JÜRGEN: Ockhams Weg zur Sozialphilosophie. Berlin 1968.

MÜLLER, JÖRN: Natürliche Moral und philosophische Ethik bei Albertus Magnus. Münster 2001.

PIEPER, JOSEF: Scholastik. Gestalten und Probleme der mittelalterlichen Philosophie. München 1960.

RICKEN, FRIEDO (HRSG.): Lexikon der Erkenntnistheorie und Metaphysik. München 1984.

RITTER, JOACHIM (HRSG.): Historisches Wörterbuch der Philosophie. Basel/Stuttgart 1971 ff.

ROTH, ULLI: Suchende Vernunft. Der Glaubensbegriff des Nicolaus Cusanus. Münster 2000.

RUH, KURT: Geschichte der abendländischen Mystik. 3 Bde. München 1990 f.

SCHÖNBERGER, RALF: Die Transformation des klassischen Seinsverständnisses. Studien zur Vorgeschichte des neuzeitlichen Seinsbegriffs im Mittelalter. Berlin – New York 1986.

VELTHOVEN, THEO VAN: Gottesschau und menschliche Kreativität. Studien zur Erkenntnislehre des Nikolaus von Kues. Leiden 1977.

VRIES, JAKOB DE: Grundbegriffe der Scholastik. Darmstadt 1980.

WINKLER, NORBERT: Nikolaus von Kues zur Einführung. Hamburg 2001.

ZIMMERMANN, ALBERT (HRSG.): Albert der Große. Seine Zeit, sein Werk, seine Wirkung. Berlin/New York 1981.

Dank sage ich, in treuer Freundschaft und philosophischer Verbundenheit, meinem verehrten Doktorvater, Herrn Prof. Dr. Gerd-Günther Grau, der auch meine Studien zur mittelalterlichen Philosophie begleitet hat. Für vielerlei Hilfe und wichtige Hinweise danke ich von ganzem Herzen Kinga Golus und meinen Eltern.

Philosophie und Ethik

Thorsten Paprotny
Kurze Geschichte der antiken Philosophie
Band 5286
„Erkenne dich selbst!" Die alltagspraktische Weisheit der antiken Philosophie – spannend bis heute.

Thorsten Paprotny
Kurze Geschichte der Philosophie der Aufklärung
Band 5557
Auf den Spuren Kants, Herders und Hegels bis hin zu Kierkegaard und Marx. Die spannende Geschichte eines Denkens, das bis in unsere Gegenwart wirkt. Anschaulich und mit Anekdoten erzählt.

Alois Halder
Philosophisches Wörterbuch
Band 4752
Auf das Wesentliche konzentriert, informiert dieses Handbuch über die wichtigen Persönlichkeiten, Fragestellungen und Positionen der Philosophie.

Hans-Peter Dürr / Marianne Oesterreicher
Wir erleben mehr als wir begreifen
Quantenphysik und Lebensfragen
Band 4847
Wie sprechen wir über das, was Wissenschaft nicht fassen kann? Was bedeuten Identität und Verantwortung? Eine spannende Begegnung.

Dietmar Mieth
Kleine Ethikschule
Band 5471
Ethik kollidiert mit handfesten Vorteilen. Wo liegen Kriterien, die wir anwenden können? Und wo ergibt es Sinn, moralisch gut zu handeln? Klärung im alltäglichen Dschungel der Entscheidungen.

Erich Fromm
Die Kunst des Lebens
Zwischen Haben und Sein
Hg. von Rainer Funk
Band 4917
Ein lebenspraktisches Buch über die Kunst, tiefer zu leben.

Erich Fromm
Die Antwort der Liebe
Die Kunst des richtigen Lebens
Hg. von Rainer Funk
Band 5366
Liebe zum Leben – sich auf das Leben einlassen, ohne es absolutem Sicherheitsdenken unterzuordnen.

Erich Fromm
Authentisch leben
Hg. von Rainer Funk
Band 5691
Wissen, was die eigene Person ausmacht. Bewusst aus eigenen Quellen leben. An die seelischen Ressourcen kommen, keine Fassadenexistenz führen, sondern intensiv fühlen: „Freude – das Ergebnis intensiven Lebens" (E. Fromm).

Hans Joas
Braucht der Mensch Religion?
Über Erfahrungen der Selbsttranszendenz
Band 5459
Was erfährt, wer glaubt? Die Erfahrung der Selbstüberschreitung braucht Deutung. Eine überraschende Sicht auf eine alte Menschheitsfrage.

Der Physiker Gottes
Isaac Newton oder Die Revolution des Denkens
Band 5591
Der Bauernjunge Isaac machte mit 15 sein erstes Experiment - da wusste niemand, dass seine Entdeckungen die Welt verändern würden. Neben Einstein ist er wohl das größte Genie menschlichen Geistes. Die spannend erzählte Biografie.